中小学师生 信息技术应用能力 提高技巧

白 云/主编

吉林人民出版社

图书在版编目（CIP）数据

中小学师生信息技术应用能力提高技巧 / 白云主编
. — 长春：吉林人民出版社，2023.6
ISBN 978-7-206-20148-6

Ⅰ.①中… Ⅱ.①白… Ⅲ.①信息技术—中小学—教
学参考资料 Ⅳ.①G633.673

中国国家版本馆CIP数据核字（2023）第134919号

中小学师生信息技术应用能力提高技巧
ZHONGXIAOXUE SHISHENG XINXI JISHU YINGYONG NENGLI TIGAO JIQIAO

主　　编：白　云　　　　　封面设计：李　娜

责任编辑：王　丹

吉林人民出版社出版发行（长春市人民大街7548 号　　邮政编码：130022）

印　　刷：北京政采印刷服务有限公司

开　　本：787mm×1092mm　　1/16

印　　张：16.75　　　　　字　　数：350千字

标准书号：ISBN 978-7-206-20148-6

版　　次：2023年6月第1版　　印　　次：2023年6月第1次印刷

定　　价：58.00元

编 委 会

主　编：白　云

专家指导团队：南星辉　时　霞　慕清泉

编　委：（排名不分先后）

徐玉成　陈银生　李　娜　刘　虹　张　丽

何　滨　刘小锋　王　超　朱　弋　赵金禄

祁海乾　张　丹　肖玉香　刘　洁　向　梅

鱼珍珍　禹亚萍　安志鑫　章　琴　范　荣

罗万丽　刘　斌　巩　雪　黄保珍

走进本书创设的学习情景

  当你步入这间教室，在黑板报的上方就有一行醒目的大字标语映入眼帘：
"博学而笃志，雅量涵高远"。这个班级就是闻名全校的"博雅班"。班主任
姓白，是一位专业技术精湛的"信息科技"教师，同学们都亲切地称呼他为
"大白老师"。在大白老师的影响下，"博雅班"成了学校有名的科技特色
班。学生中涌现出了好多个信息技术"小能手"，他们不仅热心帮助老师与同
学解决各类技术问题，而且还积极参与学校数字化校园的建设。下面就让我们
一起认识下本书的几位可爱的主人公吧！让我们和他们一起走进各类别样的问
题情景，共学共进，力促师生信息素养的全面提升！

大白老师

"博雅班"
班主任、《信
息科技》教师

娜娜老师

"博雅班"
副班主任、
学科教师

小超同学

"博雅班"
班长、信息科
代表

小虹同学

"博雅班"
学习委员

前 言
FOREWORD

信息时代，对一线教师提出了更高的要求：不仅要更新教育观念、具备教学创新精神和教学研究能力，还需要提高自身的信息素养和信息技术的应用能力。随着"教育信息化 2.0"各项举措和培训的开展，进一步提升了教师信息技术的应用能力，推进信息技术与教育教学的深度融合创新。广大教师只有适应信息化发展要求，不断提升自身信息素养，才能够有效利用信息化手段和资源实现教育教学的创新、融合、发展。

目前，线上、线下相结合的教学模式已经成为一种常态，为了更好地帮助教师开展教学，解决教师在信息化教学和办公中存在的问题，兰州市白云名师工作室多次利用微信公众号推送系列线上微课程，包括"码课码书""停课不停学，师生共成长""码上学习，中小学师生信息素养提升"等，充分利用信息技术引领、推进教育教学改革，促进优质教育资源的共享和全市教育的高质量发展。

白云名师工作室的全体成员在上述工作的基础上，采取多种方式的调研，汇总了师生在信息化教学和学习中存在的技术困惑和操作问题，基于真实情景的创设，精心设计了多个专题和课程案例，系统讲解了信息化教学的相关知识点和技术操作要点，并按照科学合理的框架结构进行编排，本书由此诞生。

本书共有五个模块的内容，分别是极简办公、趣味课堂、Office妙招、AI应用、综合实践案例。在"极简办公"模块中，一共包含17个专题的内容，为了方便读者查阅学习，又将这些专题根据内容分为信息获取、信息加工处理、信息创造。在"趣味课堂"中，包含了"希沃应用""趣味资源""趣味设计"三个维度8个专题的内容。在"Office妙招"中，一共包含了Word、Excel、PPT三大办公软件18个专题的内容，这些专题都是一线教师在实际教学和办公中需要的实用技巧。在"AI应用"中，包含图像识别、语音识别两个维度3个专题的内容，可以帮助教师利用AI技术实现更高效的办公，促进AI技术在工作和学习中的应用。"综合实践案例"模块中，包含了3个优秀的STEAM课程案例，由工作室三位核心成员精心撰写，值得科技辅导员借鉴学习。

由于篇幅受限，本书收录了46个专题和3个综合实践案例，包含了各级各类师生可能遇到的问题，涉猎广泛，图文并茂，希望能给读者提供既完整又全面的演示和讲解。如果读者朋友们想观看视频演示或获取更多的相关内容，可以关注"兰州市白云名师工作室"的微信公众号，若您在观看时遇到问题，请在公众号留言，我们会在第一时间提供帮助。

本书由白云担任主编，白云名师工作室成员参与撰写。从模块一到模块四，各专题的撰写凝聚了多位教师的心血。其具体编写分工如下：专题7、专题43由白云完成；专题1、专题13、专题46由赵金禄完成；专题2、专题6、专题45由陈银生完成；专题10、专题18、专题22、专题28、专题35由张丽完成；专题24、专题26、专题40由刘虹完成；专题11、专题42由王超完成；专题16、专题17由刘小锋完成；专题8由祁海乾完成；专题3、专题9、专题33由安志鑫完成；专题19由范荣完成；专题25、专题34由巩雪完成；专题23由李娜完成；专题20、专题27由刘洁完成；专题38由罗万丽完成；专题31、专题32由向梅完成；专题15、专题30、专题37由肖玉香完成；专题21、专题36、专题41由鱼珍珍完成；专题5、专题44由禹亚萍完成；专题4、专题14、专题29由张丹完成；专题39由章琴完成；专题12由朱弋完成。在模块五（综合实践案例）的撰写中，有三位教师分享了各自的优秀案例。具体编写分工如下：案例1由赵金禄撰写；案例2由刘小锋撰写；案例3由王超撰写。全书由白云统稿完成。本书案例参考引用了国内外相关文献及网络资源，其中主要来源已在参考文献中列出，如有遗漏恳请谅解，在此一并致谢。最后诚挚地感谢南星辉、时霞、慕清泉专家团队的指导，对各位教师辛勤的付出表示由衷的感谢！

九层之台，起于垒土。在信息化教学探索的大潮中，本书所包含的技术和案例还只是很少的部分，由于水平所限，书中难免有疏漏和不当之处，恳请广大读者批评指正。

目 录
CONTENTS

模块一　极简办公

模块二　趣味课堂

模块三　Office妙招

模块四 AI应用

模块五 综合实践案例

模块一
极简办公

古语云："工欲善其事，必先利其器。"在我们全面推进教育信息化的进程中，要想出色地完成每一项工作，前期的学习和准备、工具的选择和应用都至关重要！本模块分别从信息获取、信息加工与处理、信息创造、信息安全等四个方面，精选了17个专题，每个专题既有真实问题情景的创设，更有任务案例的精讲。就让我们一起开启极简办公的快乐学习之旅吧！

📺 信息获取

专题1　巧用ARW小软件进行声音的多功能录制

问题情景

　　每周一的最后一节课都是"博雅班"的班会课。在一个星期天的早上，班主任就打电话给小超同学安排了"特殊"任务。这次班会课的主题为"祖国，您是我们成长的摇篮"。班主任让小超同学尽快录制一个配乐诗朗诵的MP3作品，计划把作品导入到PPT中，在班会课给全班同学播放。小超同学接到任务后，不知如何是好，于是打电话请教大白老师。大白老师给小超同学做了悉心指导，最后他出色完成了任务。大白老师到底教会了小超同学哪些实用技术呢？本节内容为你揭晓答案。

解决对策

　　小超同学遇到的技术问题主要有两个：其一，如何完成录音素材的搜集和筛选；其二，如何实现声音的录制和合成。第一个技术问题的解决，只要从互联网上找到适合朗诵主题的文案和背景音乐即可，信息能力主要体现在网络资源的获取和筛选上；第二个技术问题的解决，只要掌握了以下这款小软件的应用，便可以轻松完成作品的录制和生成。

◎工具软件◎

　　软件名称：Audio Recording Wizard（以下简称ARW）。

　　软件介绍：该软件是一款实时录音软件，它几乎可以完美地录制电脑内部发出的声音或电脑外部输入的声音。软件的操作界面简单，容易上手，没有复杂的选项设置，可以方便学习和使用。软件内嵌了很好的MP3编码器，可以直接将声音转录为MP3格式，以利于节省空间和保证声音品质。

相关知识

◎计算机存储音频的过程◎

　　大家都知道，现代计算机是一个二进制系统，声音只能以二进制代码的形式（即数字信号的形式）存储于计算机中。我们听到的声音都是时间连续的，我们称这种信号为模拟信号，所以用简单的0和1无法表达清楚，若我们想将声音存入计算机，就需要将模拟信号转换成数字信号。一般转化过程可分为三步：采样、量化和编码。完成转化后，声音（音频）便可以二进制文件的形式存储在计算机的存储设备中了。

案例精讲

◎软件学习◎

一、软件的安装

网上搜索"Audio Recording Wizard"并找到适合的版本进行下载，单击安装包中的可执行文件"setup.exe"，进入安装界面。按照如图1所示的步骤即可完成安装。安装路径一般保持默认即可。

图1 软件安装流程

二、软件功能介绍

ARW原版软件是英文版的。在实际应用中，除了掌握一些常用功能，对其他细节功能还要仔细研究。如图2左侧窗口是软件的主界面，Source表示"音源"，有三种录制方式，分别为：Computer Sounds（从声卡发出的系统内部声音）、Voice（从麦克风输入的外部声音）、Computer Sounds & Voice（二者的混合音）。Level为录制音量的大小滑动条，根据需要可自行调整。中间有5个功能按钮，分别为录制、打开、停止、播放、暂停。在录制过程中，如果需要暂停，就单击"暂停"按钮，继续录制的时候再单击"录制"即可，录制完成了就单击"停止"按钮，软件会自动生成录制的文件。如果需要对软件的其他功能进行设置，可单击右边的设置图标，再单击Options（选项），将会出现多项功能的设置。这些功能分别为：Effects（效果）、VAS（语音激活系统）、FLL（文件长度限制）、Files（文件）、Hotkeys

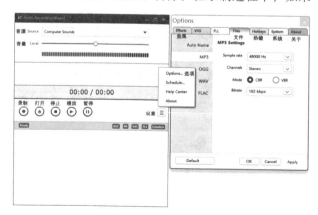

图2 软件主界面及相关含义备注

（热键）、System（系统）、About（关于）。

一般情况下，选项中的各项保持默认设置即可。如果需要修改，就需要了解各选项中的实际功能，下面结合图3和图4对常用的几个选项设置做详细的介绍。

"Effects"（效果）选项中，一般情况下会选中Auto Gain Control（自动增益控制）复选框。选中后，可在录制过程中自动调整录制的音量，也可选中Noise suppression mode（噪音抑制的方式）复选框，对消减用麦克风录音时周围环境产生的噪音有一定的效果。

"FLL"（文件长度限制）选项中，第一项限制类型分为时间限制和大小限制，一般情况下设置一个比较大的时间限制即可；第二项的限制模式中，一般勾选第一个自选框（当达到限制时记录一个新文件）即可。

图3　"Effects"和"FLL"的功能界面

"Files"（文件）选项中，Auto Name（自动命名）建议保持默认即可。录制完成后，文件的默认保存路径在桌面自动生成的文件夹"NowSmart Recordings"下，其文件名前缀默认为"arw"，可根据需要修改。软件能录制的文件类型有"MP3""OGG""WAV""FLAC"，若没有特殊需要，一般都默认为"MP3"，不需要做任何修改。

"Hotkeys"（热键）选项中，为了实现快捷操作，可自定义相应功能的快捷键，方法为：单击下方的文本框，同时按下需要设置的组合键位，然后点击"Assign"（设定）按钮，即可完成相应功能的快捷键设置。重启软件后，快捷键方可生效。

图4　"Files"和"Hotkeys"的功能界面

◎实践过程◎

在学习了软件的各项功能后，就让我们和小超同学一起来完成他的作品录制任务吧！

一、准备工作

为了顺利完成任务，小超同学经过网络检索，阅读了多篇文章，最后决定选择了诗歌《祖国啊，我亲爱的祖国》，背景音乐选择了一首抒情且动听的轻音乐。

概括起来，准备工作有：事先下载好背景音乐或者打开能在线播放背景音乐的网页；调试好麦克风，确认可以正常录音；找一个安静的场所；关闭电脑上无关的聊天软件和其他窗口。

二、技术步骤

1. 打开ARW软件，将Source（声源）设置为第三项"Computer Sounds & Voice"（混合音）。

2. 准备好背景音乐，用播放器直接播放，先调整好音量的大小，然后再调整好网页窗口和ARW软件窗口的摆放位置，尽量错开不要重叠，这样便于操作。

3. 戴上耳麦，准备好打印或者手写的台词《祖国啊，我亲爱的祖国》，集中注意力开始录制。

4. 用快捷键或者鼠标快速单击来启动ARW软件的"录制"功能，然后马上用鼠标单击音乐的播放按钮，伴着音乐的节奏就可以开始朗诵了，如图5所示。为了保证一气呵成地完成作品录制，建议尽可能不要暂停，在录制前可以做多次的练习，之后再正式录制。

图5　音乐播放窗口和软件窗口的摆放位置

5. 朗诵完毕后，可适当延长几秒让背景音乐完整播放，然后点击停止按钮，即完成了录制。在生成的MP3声音文件的后面有一个文件夹，单击就可以打开作品保存的路径文件夹了，如图6所示。

6. 如果需要对作品进行必要的剪辑，可以借助音视频处理软件对文件进行剪辑和加工，最终生成需要的作品。

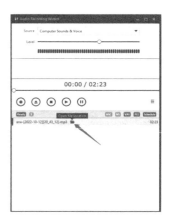

图6　作品的保存路径

📝 要点总结

通过对ARW软件的学习和作品制作过程的了解，为我们今后实现声音素材的获取、加工和创造提供了很大帮助，有效提升了信息素养。概括起来，有下面几点需要特别注意。

1. ARW软件虽然简单易学，但还要加强训练，并学习一些必要的音视频剪辑软件配合使用，使其切实成为学习和工作的好助手。

2. 声音的录制最好配备质量较好的耳麦，可以是蓝牙耳麦，也可以是有线的耳麦。

3. 当录制效果没有达到预期的时候，可以先强化训练，熟悉文稿，把握好朗诵的语气语调，在正式录制的时候，尽量保证一次通过，减少后期的剪辑工作量。

4. 对于配乐诗朗诵作品的制作，为保证最佳的混音效果，建议调小背景音乐的音量。

🎓 拓展提升

◎任务一◎

请选择一篇爱国题材的散文或者诗歌，同时选择一首动听的背景音乐，打开ARW软件，分别完成以下任务，最终生成一个配乐诗朗诵作品。

1. 调整音量等级为20%，让背景音乐开始播放，用声源中的"Computer Sounds"功能录制完整的背景音乐。

2. 准备好麦克风和文稿，调整麦克风等级为80%，播放第一步录制的背景音乐，同步开始朗读，用声源中的"Computer Sounds & Voice"功能录制完整的混音作品。

3. 试听作品并做必要的剪辑，最后生成自己创作的作品，并与同学或者同事分享。

◎任务二◎

准备一篇双人英文对话资料，并准备一段5秒左右的片头音乐，由两位同学坐在一起展开英文对话，录制加工一个用于听力训练的MP3作品。

技术提示： 可考虑用快捷键进行暂停或继续录制。

专题2 利用微信小程序"接龙管家"高效收集信息

开学初，作为副班主任的娜娜老师正在埋头统计本班学生健康码和行程码的资料，逐个对着纸质名单核对信息，看看还有哪些同学没有提交……娜娜老师需要耗费很多时间来完成这项工作。为此，大白老师给娜娜老师推荐了一款微信小程序，并做了详细指导。娜娜老师在这个小程序上就可一目了然地看到哪个同学还没有提交资料，让素材收集任务变得高效。

解决对策

娜娜老师遇到的问题是：如何能让程序自动地完成资料的收集和名单的统计。这个问题的解决并不难，关键是要选对合适的工具，推荐使用微信小程序"接龙管家"来解决。"接龙管家"在收集信息的时候，可以让接龙可视化，在其收集界面，会根据学生姓名或学号是否提交的状态，给予明确的颜色标识，很容易看出哪些学生已提交或未提交，并且可以催促未提交的学生抓紧时间提交。

◎工具软件◎

软件名称：微信"接龙管家"小程序。

功能介绍：该软件只需要通过微信的小程序就可打开，无须安装，容易上手。软件的主要功能有：反馈接龙、填表问卷、打卡接龙、活动报名、团购接龙、在线考试、投票评选、服务预约等。软件的特色功能有：按名单接龙、打卡提醒、一键导出接龙信息、文件隐私保护等。软件有多个优势，主要体现在：程序性能稳定；成员名单一目了然；导出方便，表格、附件一键可导出；安全性高，填写内容他人不可见；多场景适用，几百个预设模块拿来即用。该软件是进行信息在线收集的好助手。

相关知识

接龙：顾名思义就是把不同体裁或类型的信息，通过续接的方式上下连通起来，好似长龙一样无限制地往下延伸，每一个参与者都是主角。程序接龙是利用计算机程序实现接龙的有效方法，可以使接龙手段技术化，让我们的工作更加高效、简约。

案例精讲

◎ **素材准备** ◎

一份电子版纯文本的班级学生名单。

◎ **实践过程** ◎

1. 启动手机微信，搜索小程序"接龙管家"并打开，如图1所示，单击"发布接龙"。
2. 图2显示了接龙管家的八大功能。

图1　接龙管家界面　　图2　发布接龙界面

3. 如图3所示，接龙的创建有"从空白创建""模板"等多种方式，现在选择"从空白创建"。

4. 在图4中，单击"添加封面"设置接龙的封面图片，单击"输入标题"添加接龙的名称，同时可以输入说明性的文字。"按姓名反馈"默认"不启用"，这里要选择"设定姓名"，方便后期查看统计未提交截图人员的名字。

图3　空白创建图　　图4　参数设置（一）

5. 在图5中单击"一键清除"清除已有名字，输入本班学生名字。输入方式有三种：第一种直接输入，如图6所示，一行一个名字或名字之间用逗号隔开，也可填写编号，名字和编号之间用"&"连接；第二种使用"一键粘贴"功能；第三种"预存名单"。

图5　设定姓名（一）　　　　　　图6　设定姓名（二）

6. 其余参数，如图7所示，为了保护个人隐私，选择"反馈内容互相不可见"，图中的"署名""图片""内容"需要编辑的话，可以单击相对应的"…"即可修改。这里文本"内容"不需要，将其删除。如果内容不够用，可以单击"添加反馈内容"添加需要添加的内容。选择要求的"开始时间"和"截止时间"，需要更多设置，单击"更多设置"，进行相关的设置。

图7　参数设置（二）

7. 设置完成后，单击"立即发布"即可生成反馈接龙表单，单击"保存草稿"可以先退出之后再编辑发布接龙。

8. 单击"邀请填写",有四种方式可供选择。选择符合自己需要的方式即可,选择八年级（3）班家校群。提交了截图的名字列表的右上方会出现绿色的对号,将提交的和未提交的明显区分开来,可以快速地看出哪些学生未提交。对于未提交的人员,可以单击"通知未提交人员"来督促及时提交。单击"管理"可以进行后期的管理,如图8所示。

9. 数据导出,文本和图片分开导出,文本以Excel电子表格导出,图片、视频、文件单独导出,在导出时,要先生成相应的文件,如图9所示。生成文件后,可以预览,也可以发送到计算机上,方便查看具体的收集信息。图片、视频、文件生成时,可以选择每人一个文件夹或所有人员一个文件夹。

图8　接龙管理

图9　数据导出

10. 接龙任务完成。

要点总结

"接龙管家"小程序的使用,关键在于接龙表单的设计和管理,使用过程中,需要注意以下几点。

1. 确定使用功能。根据自己具体的需要确定使用8个功能中的哪一个,选用该功能可以高效地完成任务。

2. 设定姓名。姓名可以挨个输入,需要加编号时,一定要用"&"连接姓名和编号,每个姓名之间用逗号隔开。为了避免挨个输入姓名的麻烦,事先准备好电子版名单,名单不能用表格形式,要用文本形式,并且一行一个名字,将名字复制,使用"一键粘贴"功能。也可以预先在"预存名单"中输入名字,一次性将用到的名字输入到里面,从而提高工作效率。

3. 参数设置。参数设置可以根据所收集材料的安全性、保密性、时效性等进行相关的设置。

拓展提升

◎任务◎

假设学校即将举行秋季田径运动会,需要各班学生就田径和竞赛相关项目进行报名。请选择具体的一些运动项目,尝试使用"接龙管家"中的"活动报名"功能,发布多个接龙任务,用以收集每个项目学生的参与信息。

专题3 QQ中的一些极简实用技术

问题情景

　　语文教师总会鼓励同学们在课前轮流进行"精彩五分钟"的主题演讲。下一期该轮到小虹同学"表演"了！她计划演讲的主题为"我最敬佩的人"，除了准备演讲词，还要准备一个PPT，好为演讲增色添彩。然而，她在搜集素材的时候，遇到了两个难题：从网页查阅到的一些文字素材无法复制；喜欢的一段小视频无法下载。小超同学非常热心地帮助小虹同学顺利完成了任务。小虹同学惊讶地说道："哇！原来方法这么简单啊！"

解决对策

　　小虹同学遇到的技术问题主要有两个：其一，如何快速搜集到网页中的文字并复制；其二，如何将网页中的视频素材下载到本地。这两个问题其实都可以通过大家熟悉的QQ软件中的小功能轻松解决。

◎工具软件◎

　　软件名称：腾讯QQ（以下简称QQ）。

　　软件介绍：QQ已经广为人知，是腾讯公司推出的一款基于互联网的即时通信软件。QQ已经覆盖了Windows、MacOS、IPadOS、Android、IOS、Linux等多种主流平台，一只戴着红色围巾的小企鹅标志已经深入人心。

相关知识

　　OCR文字识别：是指依靠扫描仪、数码相机等电子设备获取纸张、图像等一切媒介上打印的字符信息，然后用字符识别方法将形状翻译成计算机文字的过程。实现的过程大概为：先对文本资料进行扫描，然后对图像文件进行分析处理，最终获取文字或版面信息。随着AI图像识别技术的发展，普通计算机就可以依靠文字识别算法，精准地获取图片素材页面的文字。

　　屏幕录制：是指通过专业屏幕录像软件将计算机屏幕（显示屏）中呈现的信息录制下

来。屏幕录制可以记录屏幕上显示过的所有内容，如视频、操作过程等。可以是全屏录制，也可以是局部录制，一般会将电脑内部的声音或外部输入的声音信息与画面同步以视频文件格式保存下来。

案例精讲

◎素材准备◎

小虹同学将"精彩五分钟"演讲的主题确定为："我最敬佩的人：杂交水稻之父袁隆平爷爷"。她从网上查阅到了一篇袁爷爷生平事迹的介绍文章和一段名为《回顾袁隆平事迹》的小视频。

◎实践过程◎

一、屏幕文字识别

1. 登录QQ软件。

2. 打开浏览器找到所需素材网页，按住Ctrl+Alt+A快捷键，电脑屏幕就会出现一个选框，提示进行文字素材所在区域的框选。

3. 框选文字后，如图1所示，单击鼠标右键并在弹出的菜单中选择"屏幕识图"功能，会弹出"正在识别"字样。

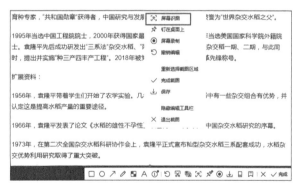

图1　选用"屏幕识图"功能

4. 弹框右侧会出现识别成功的文字，如图2所示，单击"复制"按钮，文字素材就可以直接粘贴到当前幻灯片的文本框或文档中了。

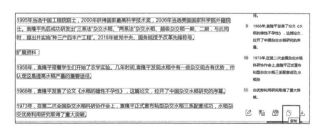

图2　复制文字

二、屏幕视频录制

1. 登录QQ软件。

2. 打开视频播放的网页，让播放位置暂停在最前，按住Ctrl+Alt+A快捷键，对视频播放区域进行框选。

3. 框选需要录制的区域后，单机鼠标右键并在弹出的菜单中选择"屏幕录制"功能，在选框下方会出现"开始录制"的功能条，如图3所示。此时一定要注意，在"开始录制"按钮的左侧要进行声音的设置。关闭喇叭图标，表示不录制视频发出的声音；关闭麦克风图标，表示不录制麦克风输入的声音；如果同时开启，表示二者的声音都会同时录制。一般在录制视频前，记得一定关闭麦克风的录制功能。

图3 设置声音

4. 录制完成后可单击右上角的"结束"按钮，接着会弹出生成的小视频，单击右下角"另存为"，即可将视频保存在本地文件夹中。

5. 如果录制的视频需要转码或者剪辑，可以借助"快剪辑""剪映""格式工厂"等音视频处理软件对文件进行加工，最终生成需要的视频素材。

📝 要点总结

通过对QQ软件的学习和素材收集过程中的实践，这些小技巧为我们的学习和工作带来了极大便利，有效地提升了我们的信息素养。操作中有以下两点需要特别注意：

1. 必须在QQ软件正常登录的情况下进行快捷键的使用；

2. 牢记组合快捷键为Ctrl+Alt+A。

◎ 功能拓展学习 ◎

一、长截屏工具的使用步骤

1. 登录QQ软件。

2. 打开需要截图的界面，按住Ctrl+Alt+A快捷键，进行框选。

3. 框选区域后，单机鼠标右键选择"长截屏工具"，然后滚动鼠标轴或单击，开始长截图。

4. 将截图发送到QQ对话框，保存到本地即可使用。

二、QQ秒变网盘的使用步骤

1. 登录QQ软件。

2. 单击创建群聊，选择按分类创建，选择类别为"兴趣爱好"，接下来按照提示设置群聊名称等步骤完成创建。

3. 可以将此群聊作为个人网盘进行使用，资料可放在群文件夹中，能够永久保存，随时随地下载使用。

拓展提升

◎任务一◎

请利用QQ"屏幕识图"功能，在互联网中找到你需要的一段文字材料，识别后复制文字素材，然后粘贴到Word文档中进行排版并保存。

◎任务二◎

请从网上找到"飞夺泸定桥"主题的网页素材，利用QQ"长截屏工具"截取网页的所有内容，保存为一张长截屏图片文件；利用"屏幕录制"功能录制相关主题的视频，并保存文件。最后，请创建个人专属的群聊账号，将以上文件保存到QQ群文件中。

专题4　手机通讯录文件的生成与导入妙招

娜娜老师作为"博雅班"的副班主任，为了方便家校共育，经常需要将家长们的手机号导入到手机的通讯录进行保存。现在娜娜老师的手上有一份Excel的学生报到注册表（内含家长姓名、电话等信息），她希望将Excel表中学生父母的联系方式一键导入手机，而不是一个个录入。除了通过"QQ同步助手"付费完成，有没有其他免费的方法呢？于是，娜娜老师请教了大白老师。在大白老师的悉心指导下，她最后出色地完成了任务。大白老师到底教会了娜娜老师哪些实用技术呢？

解决对策

娜娜老师遇到的问题为：如何将Excel电子表格中的家长联系方式批量快捷地导入到智能手机中。这涉及的技术问题为文件格式的转换。其实，只要掌握了"Excel+QQ邮箱"相关的组合方法，这个问题就会迎刃而解。

◎工具软件◎

软件名称：Excel软件、QQ邮箱。

相关知识

vCard是电子名片的文件格式标准，其扩展名一般为.vcf。它一般附加在电子邮件之后，但也可以用于其他场合（如在互联网上相互交换）。vCard可包含的信息有姓名、地址、电话号码、URL、logo、相片等。

案例精讲

◎素材准备◎

学生报到注册表电子版一份。

◎实践过程◎

1. 新建一个Excel文件，在A1、B1两个单元格中分别输入"姓名"和"移动电话"，如图1所示。

图1　输入表头

2. 打开"学生报到注册表"，复制家长的"姓名"和"移动电话"列对应的数据，单击鼠标右键，选择"选择性粘贴"→"值"，如图2所示。

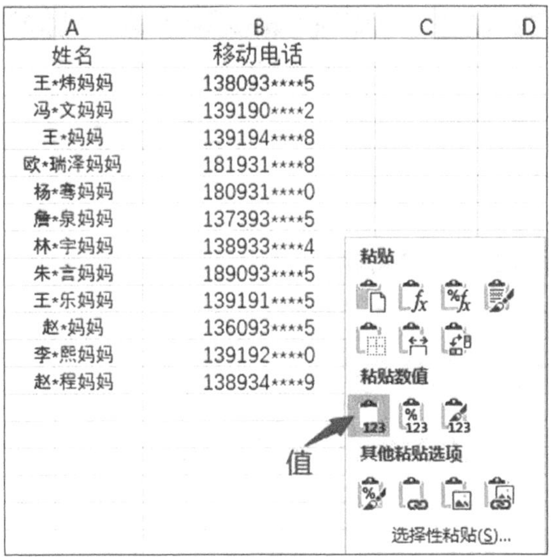

图2　"选择性粘贴"界面

3. 保存Excel文件。单击菜单栏"文件"→"另存为"，保存类型选择"CSV（逗号分隔）"，即CSV格式，单击"确定"按钮，如图3所示。

图3　"另存为"界面

4. 打开QQ邮箱，在邮箱首页页面中，单击左侧"通讯录"。

5. 在通讯录页面，单击"工具"→"导入联系人文件"。

6. 选择本地CSV文件，单击"确定"即可，如图4所示。

图4　导入联系人文件对话框

7. 当信息全部导入完成后，选中需要导出的联系人名单，单击"工具"→"导出联系人"。

8. 选择"vCard格式"，单击"确定"，将会生成一个扩展名为.vcf的文件，如图5所示。

图5　导出联系人对话框

9. 将生成的VCF格式文件可通过QQ从电脑端传至手机，然后单击VCF文件，执行"选择其他应用打开"→"联系人"，确认即可成功导入。

要点总结

通过本专题的学习，我们既学会了从Excel软件进行CSV格式文件的转换，又学会了从QQ邮箱生成VCF格式文件的方法。概括起来，本专题的技术应用步骤为：

第一步，在Excel中处理原信息，转化为CSV格式。

第二步，使用QQ邮箱（其他邮箱也可以）的通讯录功能，导入CSV文件，导出可以被手机识别的VCF文件。

第三步，传输VCF文件到个人手机，利用"联系人"功能导入。

技术提示：如果需要对姓名信息做进一步说明，比如希望在同学姓名后面加上妈妈/爸爸的信息，例如A2单元格存放"李★"，想在D2单元格显示"李★妈妈"，则需选中D2单元格，输入公式"=A2 &"妈妈""（双引号须在英文状态下输入），如图6所示。

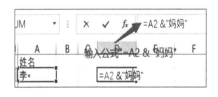

图6　单元格编辑

拓展提升

◎任务◎

在Excel中汇总一份个人通讯录表格数据，应用本专题所学方法，练习将这份通讯录生成CSV格式文件，然后用网易、新浪等邮箱生成VCF格式文件，最后通过导入到手机并生成手机通讯录。

信息加工处理

专题5　快速制作一个课堂趣味随机点名器

问题情景

　　元旦到来之际，班主任大白老师计划组织一次全班新年联欢会，副班主任娜娜老师建议在联欢活动中特设随机点名环节，被抽到的同学可以即兴表演自己擅长的节目，从而获得新年礼物一份。这种活动方式既能激发同学们的积极性，还可以增强班级凝聚力。然而，这个随机点名到底在大家熟知的PPT里如何去实现呢？大白老师只用了简单的几步操作，居然做出一个个性化十足的趣味随机点名器。

解决问题

　　大白老师和娜娜老师遇到的技术问题是：运用日常熟悉的Office办公软件，快速、高效地制作出一个精美、有趣、易操作的随机点名器。教师在上课或举行一些班级特色活动时，通过随机点名提问的方式既可以调动学生学习的积极性，活跃课堂气氛，还为课堂增添无限乐趣。其实，只要掌握了Office办公软件的一些组合操作，即可巧妙设计一个班级专属的随机点名器。本专题所示范的软件为WPS Office，Microsoft Office也同样可以实现其设计，将会作为拓展任务加以实践。

◎工具软件◎

　　软件名称：WPS Office。

相关知识

　　演示文稿有大纲视图、普通视图、幻灯片浏览视图、阅读视图、放映视图等多种视图模式。幻灯片大纲视图以文字标题形式显示，主要用于查看和排列演示文稿的大纲，让用户清楚全面地看到每张幻灯片具体的标题内容。大纲视图可以在窗格中编辑文本并在其中跳转，在大纲视图模式可以快速统一编辑文本的字体、字号及颜色等。

案例精讲

◎实践过程◎

在了解了软件功能后，让我们一起来快速制作一个课堂趣味随机点名器吧！制作前，请先确保有一份所有学生名字的班级名单。如果有现成的电子表格，请只复制学生姓名列，然后粘贴到Word中。

1. 全选文档中所有姓名，设置大纲级别都为"标题1"，保证每一个姓名的格式都变为"标题1"格式，然后保存为"名单"并关闭文档。如图1所示。

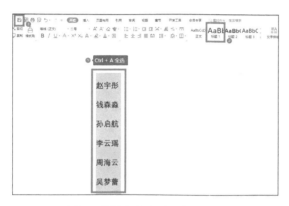

图1　设置大纲级别"标题1"

2. 新建WPS演示文稿，打开幻灯片后先不要添加幻灯片。在"开始"选项卡单击"新建幻灯片"下方的倒三角，然后选中下拉菜单中的"从文字大纲导入"，在打开的对话框中选择刚刚保存的"名单"文档，将其打开。如图2所示。

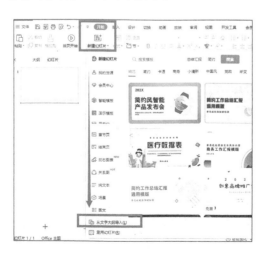

图2　从文字大纲导入

3. 稍等片刻，软件将自动创建一个演示文稿，同时，"名单"文档中的每个名字将分别生成一页幻灯片。如图3所示，左、右图分别为"普通视图"和"幻灯片浏览视图"下的效果。

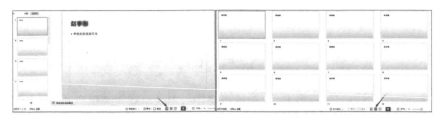

图3 名单自动导入PPT

4. 名单已经全部插入到每一页幻灯片中，但是界面不美观。此时，根据个人喜好进行自定义美化设置。在左侧幻灯片缩略图位置按Ctrl + A快捷键全选所有幻灯片页，右击鼠标选择"版式"样式，选择"母版版式"中的第一个版式，所有的姓名都将自动地水平居中于每一页幻灯片，如图4所示。

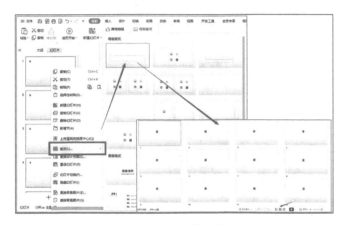

图4 设置"母版版式"

5. 如果想进一步美化幻灯片样式，可在"设计"选项卡下灵活运用"更多设计""配色方案""背景""编辑模板"等个性化设置，如图5所示。这里有个细节需要说明，即学生的名字建议选用黑色或者其他醒目的颜色，但是一定要慎用红色。

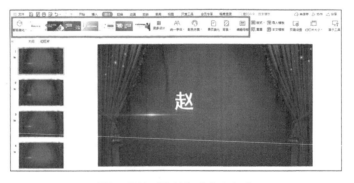

图5 通过"设计"美化幻灯片

6. 保持幻灯片的全选状态，在"切换"选项卡，设置幻灯片"无切换效果"；在计时功能区中，单击自动换片时间前的小方格启用自动换片，并将自动换片时间设置为00：00.00

秒，单击"应用到全部"。如图6所示。

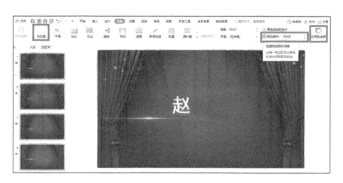

图6　设置自动换片时间

7.在"放映选项卡"下选择"放映设置"，选中"演讲者放映（全屏幕）""循环放映"，按ESC键终止"全部"，设置如图7所示。

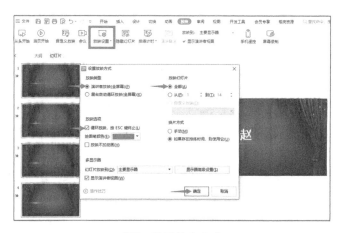

图7　设置放映方式

8.如果想增加PPT随机点名器的课堂氛围，可自主添加背景音乐，并设置音乐为自动播放模式，选中"跨幻灯片播放""循环播放，直至停止"等复选框，如图8所示。

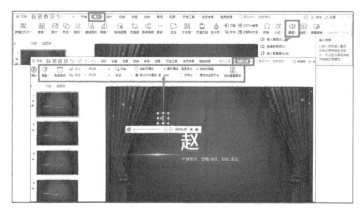

图8　插入音频并设置

9. 设置完成后可放映幻灯片，查看PPT随机点名器的效果，放映时按P键暂停，按空格键继续，按ESC键退出幻灯片放映。

📝 要点总结

任何一款软件的功能，只要勤加学习，应用在不同需求中，即可实现技术的融会贯通。通过本专题技术的应用，巧妙地将Word与PPT中的部分功能融合，实现了数据的批量导入，最后加工出了一个趣味十足的点名器，可有效地增强信息的加工和处理能力。概括起来，有以下几个制作要点：

1. 新建幻灯片（从大纲）时，一定要把"名单"文档退出，否则会报错。

2. 建议使用"阅读视图"播放幻灯片，在此视图下用户可根据实际需求调整演示文稿的位置和窗口大小，可以轻松地查看动画和幻灯片之间的切换效果，避免了切换到全屏幻灯片播放的麻烦，使在多个窗口能灵活切换。

3. 网络上提供了丰富多彩的素材，都可以用来美化点名器页面。

📦 拓展提升

◎任务◎

请为班会活动设计一个趣味的抽奖器。假设班委会准备了丰富的奖品，它们有1本书、1份糖果、1份试卷、1个苹果、1个笔记本、1支笔、1张奖状……奖品达30多种。请你结合班会主题，做出一个题为"随机抽奖赢礼物"的抽奖器。要求分别用WPS Office和Microsoft Office各设计一个不同页面风格的随机抽奖器，界面设计美观喜庆，排版简约舒适，音乐明快激昂。

提示：用Microsoft Office放映运行抽奖器时，按S键暂停，再按S键或空格键会继续，也可按P键暂停，空格键继续；按ESC键退出幻灯片放映。

专题6 巧用"万彩办公大师"进行PDF文档的分割

问题情景

　　新学期开学了，娜娜老师手头有一份语文的PDF格式套题资料，内容是6套针对本学期6个单元知识点配套的模拟试题，每个单元结束后发1套试题用来巩固所学内容，现在要将这份PDF资料按照6个单元分开，每个单元做成一个PDF文件，方便师生后期的使用。为此，娜娜老师不知道该怎么处理，向大白老师请教，大白老师给娜娜老师推荐了一款工具软件，并做了详细指导。娜娜老师顺利解决了这个小难题。大白老师到底给娜娜老师推荐了哪款软件呢？

解决对策

　　娜娜老师遇到的问题可以这样概括：有一份多页的PDF文档，不能像在Word里那样进行编辑，如何才能把它分成多份独立的PDF文档呢？其实，只要掌握了"万彩办公大师"PDF套件里"PDF分割"工具的应用，相关的问题就会迎刃而解。

◎工具软件◎

　　软件名称："万彩办公大师"OfficeBox。

　　软件介绍：该软件是一款免费办公工具软件超级套装，它内置了60多款强大的、无任何广告及插件的绿色办公组件。PDF工具集主要包括PDF转换、合并、分割、添加水印、加密解密、页码编辑、部分功能的批量处理等，所有的套装工具不需要安装，直接可以绿色加载启动，省去了用户为寻找工具、安装及卸载的麻烦。多样强大的工具组件可以解决诸多实际问题，能大大提高我们的办公效率。

　　万彩办公大师套装包括多个套件，其功能详细介绍如下。

　　1. PDF套件：主要包括PDF转Word、PDF分割/合并、PDF页面分割/修剪、PDF偏斜纠正、图片转PDF、彩色PDF转换为黑白、PDF图片抽取、扫描PDF转优化、PDF加链接、PDF水印添加/移除、PDF安全加密解密等19种功能强大的PDF处理工具。

　　2. 格式转换套件：包括全能PDF转换器（转图片，转Word，转HTML），Office转换器（Word/PPT/Excel转图片及PDF），全能图片转换工具，全能音频转换工具，全能视频转换工具，全部支持批量转换。

3. 图片处理套件：一系列图片批处理器，包括图片大小的修改、水印的添加、批量加入时间戳、制作图片幻灯片、制作专业的一维码及二维码等功能。

4. OCR文字识别套件：实用的OCR识别工具集包括图像OCR识别工具、PDF文档ORC识别工具、屏幕OCR识别工具等，基于OCR技术，快速光学识别引擎，本套件能准确地识别从任何扫描文档中的文本、图像、屏幕的文字等内容进行抓取，并识别成可编辑的内容，从而提高编辑扫描文档的效率。

5. 屏幕录制套件：包括高清屏幕录像工具、GIF录制工具、截屏工具。其简洁的界面和丰富的操作体验能轻松录制电脑屏幕、网络课程、操作教程、游戏讲解等，自定义区域、录制和编辑的完美配合使内容和观点更专业地呈现。

6. 文件处理套件：一系列简单好用、功能强大的处理文件的工具集，包括文件急速复制工具、文件重复查找工具、文件校验工具、文本比较工具等。

7. 教学办公套件：主要包括3D幻灯演示软件、思维导图制作软件、视频动画制作软件、3D翻页云电子书制作发布软件等。

8. 更多第三方套件：这部分套件是由万彩收录的一批由第三方厂商研发的绿色免安装组件，包括PDF阅读器、文件恢复工具、系统优化工具等。

相关知识

PDF（便携式文件格式，Portable Document Format）是由Adobe Systems在1993年用于文件交换所研发出的文件格式。

PDF主要由三项技术组成：衍生自PostScript、字型嵌入系统、资料压缩及传输系统。它的优点在于跨平台、能保留文件原有格式（Layout）、开放标准，能免版税（Royalty-free）自由开发PDF相容软体，是一个开放标准，2007年12月成为ISO 32000国际标准。PDF文件可以使用第三方软件进行分割、合并、压缩、加密等编辑操作。

案例精讲

◎ 软件安装 ◎

推荐登录万彩办公大师的官方主页去下载。如图1所示。

安装包分为"标准安装版下载"和"绿色免安装版下载"，还有"全套离线包下载"，根据自己的需要单击下载对应的安装包。安装完成后，在桌面将会生成快捷图标。

图1　万彩办公大师主页

◎**素材准备**◎

PDF格式的习题文档1份。

◎**实践过程**◎

1. 打开万彩办公大师工具软件，如图2所示，先单击左侧"PDF工具集"，在工具窗口选择"PDF分割"工具，单击"开始使用"按钮打开"PDF分割"工具，如图3所示。

2. 在"PDF分割"工具界面中单击"设置"按钮，如图3所示，设置分割后的文件输出属性（输出目录、输出安全、顺序等），如图4所示。

图2　万彩办公大师界面

图3　PDF分割界面

图4　PDF分割工具输出设置

3. 单击"PDF分割"工具界面中的"浏览"按钮，选择要分割的PDF文件，根据需要设置相对应的参数，如图5所示。娜娜老师的复习资料PDF文件总共12页，每页一套题，选择"所有页面"，"分割方式"中"一个文档"设置1页即可。

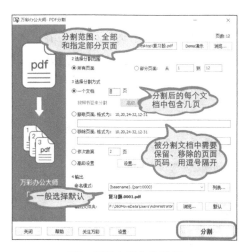

图5　PDF分割参数设置

4. 设置完成后，单击"分割"按钮，软件进行PDF分割，弹出图6表示分割完成。娜娜老师的PDF文档被分割成了12个独立的文档，可以打开输出文件夹查看分割后的PDF文档。

图6　PDF分割完成

要点总结

单个PDF文档分割为多个PDF文档的操作，关键在于参数的设置。以下为本专题要点的概括。

1. 确定分割范围：有全部和指定页码两种选择。

2. 选择分割方式：平均分割，比如12页的文档，每个文档设置为2页，那么这个文档就被分割成每个文档包含2页的6个文档，也可以从文档中挑选指定页或保留指定页进行分割。

3. 输出设置：文件命名方式一般选择默认即可，输出文件夹位置、输出属性、输出安全按照用户需要来自定义设置。一定要记住文件输出的位置路径，避免出现找不到输出文件在什么地方的问题。

拓展提升

◎任务一◎

查看PDF工具套件中，除了"PDF分割"外，还有哪些PDF工具，根据自己的需要选择几个小工具进行研究并实践操作。

◎任务二◎

"PDF分割"工具只是万彩办公大师工具中的一个小工具，通过"PDF分割"工具的使用，了解万彩办公大师工具软件中其余60多个小工具的功能，选择3～5个自己感兴趣的小工具（提取图片中的文字、录制屏幕、图片格式转换、批量处理文件等），探讨研究该工具的具体操作流程。

专题7　利用Photoshop软件为证件照换底色

问题情景

　　学校一年一度的"科技之星"评选结果终于出炉了，小超同学获此殊荣。为了向学校填报获奖个人信息，班主任让小超同学交一张电子版红底1寸证件照，但是他只有白底1寸证件照，这该怎么办呢？对于技术"小天才"来说，这算不上难题。他用了专业的图片处理软件很快就完成了换色任务。本节内容就让我们跟着小超同学一起学习为证件照换底色的技术吧！

解决对策

　　小超同学遇到的技术问题就是更换证件照的底色。时下，给证件照换底色的软件有很多，比如美图秀秀、最美电子证件照、智能证件照、印象证件照等。小超同学这次选用一款专业的平面图像处理软件轻松地完成了任务，体现了他较强的软件应用能力。

◎ **工具软件** ◎

　　软件名称：Adobe Photoshop（以下简称PS）。

　　软件介绍：该软件是由Adobe Systems公司开发和发行的专业图像处理软件，主要处理以像素所构成的数字图像。PS有强大的图形图像处理功能，广泛应用在数码照片处理、广告摄影、视觉创意、平面设计、艺术文字、建筑效果图后期修饰及网页制作等领域。

相关知识

　　图层：通俗地讲，就像是含有文字、图形等元素的胶片，一张张按顺序叠放在一起，组合起来形成页面的最终效果。图层中可以加入文本、图片、表格、插件等，也可以在里面再嵌套图层。

　　每一个图层都是由许多像素组成的，而图层又通过上下叠加的方式来组成整个图像。打个比方说，在一张张透明的玻璃纸上作画，透过上面的玻璃纸可以看见下面纸上的内容，但是无论在上一层上如何涂画都不会影响到下面的玻璃纸，上面一层会遮挡住下面的图像。最后将玻璃纸叠加起来，通过移动各层玻璃纸的相对位置或者添加更多的玻璃纸即可改变最后的合成效果。

案例精讲

◎**素材准备**◎

1寸或者2寸个人电子证件照1张。

◎**实践过程**◎

一、软件的安装

网上搜索Photoshop并找到适合的版本下载，单击安装包中的可执行文件"setup.exe"，进入安装界面。按照图1所示步骤即可完成安装。安装路径一般保持默认即可。本专题以Photoshop CS6版本为例。

图1　软件安装流程

二、制作过程

1. 运行Photoshop软件，单击左上角的"文件"→"打开"，选择需要处理的照片并打开。

2. 按住Ctrl+J复制当前图层，即得到背景的副本（即图层1），一般在副本上操作，以保护源文件。这一步可有可无，目的是养成保留原图的良好习惯，万一做不好可以重新做一遍。单击背景图层前面的小眼睛图标，使其隐藏。

3. 在左侧工具栏中单击"快速选择工具"，使用"快速选择工具"将人物背景颜色框选，一定要小心仔细，如果不小心涂抹到人物轮廓内侧，也就是虚线框进入到人物轮廓区域，就按住键盘上的Alt键，按住鼠标拖动，把虚线框推出到人物轮廓边缘，按下Delete键将框选的部分删除。

4. 在图层1的下方新建一个图层，为其填充需要的背景色。单击油漆桶工具，可以在工具面板下方来设置前景色，选择红色，然后在画布上单击一下，这时，照片底色被换成了红色。

5. 照片选择的区域有可能会出现蚂蚁线，去掉的方法有两种：一是单击照片的其他任何区域；二是单击菜单栏上的"选择"→"取消选择"。

6. 如果发现边缘部分不精细，就选中刚刚抠出来的人物图层，执行"图层"→"修边"→"去边"→"输入相应的数值"→"去除白色杂边"→确定，这样就非常精细了，如果还是不精细，还可以多去除几次杂边。

7.选择需要的图片格式，保存照片，生成最终效果图。

要点总结

通过对证件照换底色制作过程的了解，我们学习了Photoshop软件相关的技术，为我们今后实现图片快速处理提供了帮助。Photoshop作为一款专业的图像处理软件，师生应该努力学习相关技术，培养创意思维，有效提升信息素养。本节技术步骤做如下概括：

第一步，用Photoshop软件打开证件照的照片。

第二步，删除原背景颜色。

第三步，为新建图层填充背景色。

第四步，去除蚂蚁线并保存照片。

特别提醒：现在网上各类在线处理图片的平台较多，鱼龙混杂，安全性未知，为了保障个人隐私，建议尽量用单机的Photoshop软件处理个人重要的证件照、身份证、毕业证等。

拓展提升

◎任务◎

找一张自己的电子证件照片，尺寸不限，分别换成多种底色的证件照，并保存为JPG或PNG格式，存放在计算机文件夹中备用。

专题8 巧用Cool Edit Pro软件进行音频的剪辑与合成

转眼间，校园艺术节快到了，"博雅班"的学习委员小虹同学带领她的小团队，想表演一个舞蹈串烧的节目。目前，节目的编排已经完成，但迟迟没有合适的音乐。小虹同学非常着急，她请班长小超同学帮她下载了适合舞蹈串烧的音乐。但小虹同学只想留下每首音乐当中的一部分，最后合成一首完整的舞蹈音乐，这可让小超同学犯难了。于是，小超同学去找班主任大白老师请教。经过大白老师的细心指导，他终于帮小虹同学做好了舞蹈音乐。请问大白老师到底给小超同学教会了哪些实用技术呢？让我们一起来学学吧！

解决对策

小超同学遇到的技术问题就是音频的剪辑与合成。其实，只要掌握了Cool Edit Pro这款软件的相关应用，就可以非常方便地完成音频的录制、人声的录制、音乐的剪辑、音乐的合成等多项任务需求。

◎工具软件◎

软件名称：Cool Edit Pro V2.1简体中文特别版。

功能介绍：该软件为专业的音频处理软件，常用的功能有音频剪辑、音频合成、歌曲消音处理、音量调整、变速或变调、噪音修复等。

相关知识

音频剪辑是将原始音频文件中的片段提取出来，并组合成一个新的音频文件的过程。对于音频剪辑来说，一般分为两类：一类是对原始录音文件进行处理，如添加淡入淡出效果、压缩、均衡、消噪、混响等；另一类是对已有的录音文件或音乐文件进行重新切割。

音频合成是指将两个或两个以上音频文件通过技术手段合成一个音频文件。合成后的音频，可在每两个音频合成的位置加入淡入淡出效果，使音频之间的衔接更加顺畅。

🗐 案例精讲

◎**软件安装**◎

解压软件压缩包，鼠标右击安装程序，选择"以管理员身份运行"，按软件提示的步骤进行安装即可。

◎**素材准备**◎

要剪辑的音乐文件《红旗飘飘》《芦花》《相亲相爱》。

◎**实践过程**◎

1. 打开音频处理软件Cool Edit Pro，如图1所示。

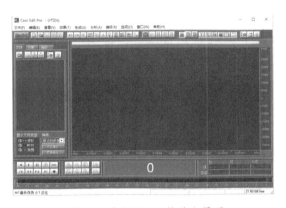

图1　Cool Edit Pro软件主界面

2. 单击菜单栏中的"文件"→"打开"，框选三首要剪辑的音乐，单击"打开"按钮，导入三首音乐文件，如图2所示。

图2　导入三首音乐文件

3. 从每首音乐中截取一段，双击"红旗飘飘"，在右侧窗口中的波形上，按下鼠标左键拖动，选取一段波形。接着，在已选取的波形上，鼠标右击选择"复制为新的"，如图3所示，便生成一个名为"红旗飘飘（2）*"的新文件，这就是已截取好的一段音乐。

图3　将选中的波形"复制为新的"

4. 按照第3步的方法，依次截取《芦花》《相亲相爱》中的一段音乐，生成另外两个新的音乐文件，如图4所示。

图4　已截取好的三首音乐

5. 至此，已完成三首音乐的截取。双击截取的"芦花（2）*"，在右侧窗口中拉选所有的波形，鼠标右击选择"复制"。双击"红旗飘飘（2）*"，单击左下角快捷工具栏中的 ▶▌按钮，定位至结束处，鼠标右击选择"粘贴"，粘贴到"红旗飘飘（2）*"的后面，如图5所示。

图5　复制的波形进行粘贴后的效果

6. 按照第5步的方法，将"相亲相爱（2）*"的波形复制粘贴到"红旗飘飘（2）*"的结束处，如图6所示。至此，截取后的三个音乐已合成。

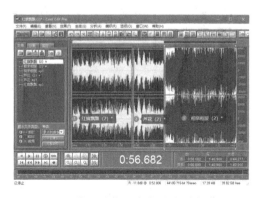

图6　截取后的三个音乐波形合成

7. 制作淡出效果。在第一段音乐波形结束处，单击左下角快捷栏中的"放大"按钮 🔍 进行放大，选择最后3秒波形，执行"效果"→"波形振幅"→"渐变"命令，打开"波形振幅"窗口，选择"淡入/出"选项卡，在"初始值"后输入"0"，在结束值后输入"−30"，如图7所示，单击"确定"按钮。

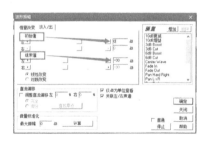

图7　"波形振幅"淡出效果设置

8．制作淡入效果。在第二段音乐波形开始处，选择最前面4秒波形，执行"效果"→"波形振幅"→"渐变"命令，打开"波形振幅"窗口，选择"淡入/出"选项卡，在"初始值"后输入"−40"，在结束值后输入"0"，单击"确定"按钮，效果如图8所示。

图8　第二段音乐波形的淡入效果

9. 参考第7、8步的方法，分别在第二段结束处和第三段开始处制作淡出、淡入效果。至此，每段音乐之间的衔接就非常顺畅了。

10. 执行"文件"→"另存为"命令，出现"另存波形为"窗口，选择存储位置、输入文件名，将文件类型选为"*.mp3"，如图9所示，单击"保存"按钮，合成后的音乐便保存为MP3格式了。

图9　合成后的音乐保存为MP3格式

要点总结

通过本专题的学习，我们应用Cool Edit Pro软件快速实现了音乐文件的剪辑和合成任务，为今后处理与音频相关的问题积累了技术经验。本案例中的技术应用步骤如下：

第一步，运行Cool Edit Pro软件，打开音乐文件。

第二步，将每首音乐截取一段，用"复制为新的"生成一个音乐文件。

第三步，将截取出的音乐进行合成，并在每两个音乐间设置淡出、淡入。

第四步，将合成后的音乐保存为MP3格式的音乐文件。

拓展提升

◎**任务**◎

在校园艺术节展演中，你的小组要出演一个歌曲串烧节目，共有4首歌曲进行串烧。要求只取每首歌曲中的一部分，最后合成为完整的一首音乐，每首歌曲结束和下一首歌曲开始的地方过渡要自然、顺畅，请赶快动手试一试吧！

专题9 用"格式工厂"一站式实现视频转码和加工

问题情景

在刚刚结束的全校秋季田径运动会上，"博雅班"的学生表现都很出色，取得了优异的成绩。本次运动会的全程录像工作，班主任专门安排了"技术小天才"小超同学负责完成。同学们都非常期待班会课能看到运动会的精彩瞬间。然而，在加工制作视频的时候，小超同学却发现了很多技术问题：数码相机拍的视频需要转码；分段视频需要合并；部分片段视频需要分离声音；部分视频画面需要剪辑……大白老师给他推荐了一款非常实用的软件，无须再安装其他软件即可实现视频的剪辑和加工。小超同学顺利完成了一个优秀的视频作品，让大家重温了运动会的精彩瞬间。

解决对策

小超同学遇到的技术问题可以概括为：不同视频格式的转码与视频的剪辑加工。解决这些问题的办法有很多种，一般需要安装专业的视频剪辑软件就可以做到。然而，专业的软件并非每位教师都能学会、学好，很多教师都希望能快速实现视频的转码与加工，到底有没有这样的极简软件呢？本节专题，让我们来学习一款非常实用的工具软件"格式工厂"，开启"极简技术"的学习。

◎工具软件◎

软件名称：格式工厂（Format Factory）。

软件介绍：格式工厂是一款免费的多功能多媒体格式转换软件，适用于Windows系统。软件可以实现视频、音频以及图像不同格式之间的相互转换，还有其他更多实用功能。格式工厂致力于帮助用户更好地解决文件使用问题，成为众多教师的办公必备软件。

相关知识

转码是不同编码之间的转换。转码技术按媒体格式分为音频转码、视频转码、图片转码。常见的音频文件格式有WAVE文件（wav）、MP3文件（.mp3）等；视频文件格式有AVI文件（.avi）、FLV文件（.flv）、MP4文件（.mp4）等；图片文件格式有BMP文件

（.bmp）、GIF文件（.gif）、JPG文件（.jpg/.jpeg）、PNG文件（.png）等。

案例精讲

◎ 软件学习 ◎

一、软件安装

从官网下载最新版的"格式工厂"安装包，单击安装包中的可执行文件"setup.exe"，进入安装界面，按照默认路径完成安装即可。

二、软件相关功能介绍

在格式工厂软件的中文版界面左侧列表中可以看到软件提供的主要功能，如视频转换、音频转换、图片转换、光驱设备DVD/CD/ISO转换以及视频合并、音频合并、混流等。

打开软件，如图1所示，首先单击左上角"选项"，可定义输出文件的存放位置，以免一时疏忽找不到输出文件的位置。

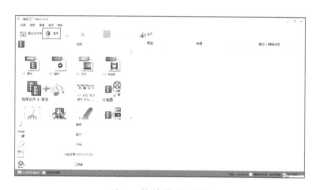

图1 软件操作界面

◎ 素材准备 ◎

用数码相机录制的多段数码视频（格式全部为AVI）。

◎ 实践过程 ◎

在熟悉了软件的功能后，让我们一起和小超同学来完成他的视频制作任务吧！

一、视频转码

1. 打开格式工厂软件，将输出文件夹位置定义在D盘中。

2. 单击视频选项，如图2所示，选择MP4视频文件格式，单击"添加文件"，选择录制好的AVI格式的视频文件，单击"确定"按钮。

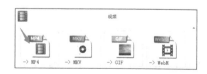

图2 选择MP4文件格式

3. 单击"开始"按钮即可完成视频文件的转码。单击输出文件夹，如图3所示，就可以找到转码成功的视频文件。

图3　视频转码

二、快速剪辑

1. 在视频选项中，如图4所示，选择"快速剪辑"功能后，添加转码成功的视频文件。

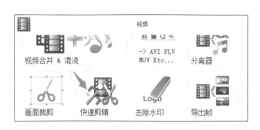

图4　选择"快速剪辑"功能

2. 打开视频，如图5所示，调整开始时间和结束时间，单击"确定"按钮即可对视频进行截取。然后选中视频，单击"开始"按钮即可完成视频剪辑。

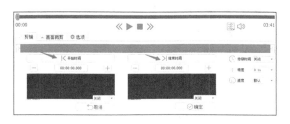

图5　视频剪辑

三、分离器

1. 由于录制的视频有很多杂音，因此在视频选项中，如图6所示，选择"分离器"功能。添加剪辑后的视频文件，单击"开始"按钮即可将音频与视频文件分离。

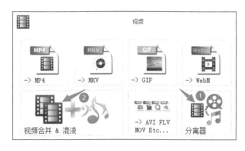

图6　选择"分离器"功能

2. 分离后的视频文件可添加合适的背景音乐进行单独处理。

四、视频合并

所有视频编辑完成后，可在视频选项中，如图7所示，选择"视频合并"功能。添加编辑完成的多段视频文件，单击"确定"按钮。最后单击"开始"按钮即可合并所有视频，最后生成一个完整的MP4视频文件，如图7所示。

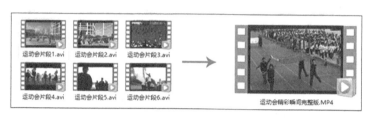

图7　最终生成的作品完整版

要点总结

通过对格式工厂软件的学习和素材编辑过程中的实践，这些实用功能为我们的学习和工作带来了极大的便利，有效提升了我们的信息素养。在软件使用过程中，有以下几点需要特别注意：

1. 格式工厂软件实用易学，需要大家经常操作，熟能生巧，成为大家工作和学习的小帮手。

2. 输出文件夹的存放位置一定要提前设置。

3. 由于支持多种语言，安装界面只显示英文，但为了方便操作，软件启动后还是中文界面，另外软件包里带有一些购物网站的链接、百度搜索工具条等，如果您不需要安装，安装过程中可取消。

拓展提升

◎任务一◎

请选择一段自己拍摄的视频，用格式工厂软件将音频与视频分离，并进行简单的剪辑，最终生成一个单独的视频文件和音频文件。

◎任务二◎

请用手机拍摄多段风景类的视频，导入电脑后，查看视频的格式，如果不是MP4格式的视频，请进行转码。然后用格式工厂中的"视频合并&混流"功能加工制作一个有背景音乐的微视频。

专题10　快速去除图片水印的极简技术

小虹同学要去参加"美丽城市"主题演讲比赛，她制作的演示文稿包含很多张通过网络获取的图片资源。然而，这些图片都带有明显的水印图案，影响了整体效果。小虹同学尝试用Photoshop软件处理，因技术掌握不够熟练，总感觉费时费力，不好实现。小超同学教会她一个"妙招"，果然处理过程非常简单，效果明显！那会是什么"妙招"呢？

解决对策

小虹同学遇到的技术问题就是如何给图片去掉水印。去图片水印的办法有很多，比较专业的方法就是用Photoshop软件进行处理。然而，这款软件对操作者的技术要求比较高，并不是所有人都可以做好。那么，有没有那种一键就可以去除水印的小软件呢？其实，Inpaint软件就是这样一款去水印的绝佳软件，非常值得一试。

◎工具软件◎

软件名称：Inpaint（图片去水印软件）。

功能介绍：该软件是一款简单又实用的图片去水印软件。虽然存储空间很小，但是功能强大。只需将图片中需要去除的水印区域选定后，程序会自动识别区域周边的像素点，然后进行智能擦除，同时程序会根据附近图片区域重建擦除的区域，使最终处理的区域看起来无瑕疵，没有痕迹。

相关知识

数字图像处理：一般指用计算机对图像进行分析与处理，以达到所需效果的技术。图像作为人类感知世界的视觉基础，是人类获取信息、表达信息和传递信息的重要手段，所以数字图像处理技术可以帮助人们更客观、准确地认识世界。数字图像处理技术常用的方法有图像变换、图像编码压缩、图像增强和复原、图像分割、图像描述、图像分类等。

案例精讲

◎ **素材准备** ◎

需要去除水印的城市风景照多张。

◎ **实践过程** ◎

1. 打开Inpaint小程序，显示的是软件的专属个性化logo。

2. 启动程序主界面。

3. 单击软件左上角的 按钮，就会弹出"打开"对话框，在"打开"对话框中找到标有"黄河之滨"水印字样的风景照，导入图片，如图1所示。

图1　导入图片

4. 使用左侧工具栏上的"魔术笔"工具，选择下方的红色圆形"移除区"工具，然后在图片上涂抹出需要去除的水印区域，如图2所示。

图2　选择水印区域

5. 单击 按钮，水印图案就会慢慢消失，如图3所示。

图3　清除水印

6. 去除任务完成后，可以将图片保存为多种格式。图4是去除水印后的效果图。使用类似的方法，就可以对其他风景照片的水印加以处理，最后将处理完的所有图片导入到PPT，进行图文排版，就可以生成一个用以演讲比赛的精美的演示文稿了。

图4　清除后的效果

要点总结

图片素材的质量关乎课件的质量，对图片的优化可以进一步增强学生的视觉认知。本软件的技术应用步骤总结为以下三步：

第一步，打开需要去除水印的图片。

第二步，左侧选用合适的标记工具，框选水印图案。

第三步，单击"处理图像"按钮即可。

技术提示：

（1）有些图片的水印图案比较复杂，如图5所示。

图5　复杂水印

如果一次性连续选择水印部分，清除后会破坏图像主体部分，如图6所示。

图6　错误涂抹

遇到这种情况，我们可尝试精细化操作，将水印图案分几个小区域，进行多次框选再清除，如图7所示。

图7　正确涂抹

（2）框选水印工具有魔棒工具、多边形工具、套索工具等，大家可根据水印图案的特点进行选择使用，被涂抹的区域都会以红色标识。

拓展提升

◎**任务**◎

尝试从网上下载多张动植物的免费图片资源，看看你能否运用Inpaint软件有效去除水印。将处理完的图片导入PPT，加工制作一个名为"大自然中的动植物"的完整演示文稿作品。

专题11　让PPT课件秒变更具传播力的H5页面

娜娜老师要参加全市的优质课比赛，于是精心准备了教学课件，课件中设置了多处动画和切换效果，也插入了多个音视频资源。她想让大白老师对她的课件作品提出修改意见。然而，大白老师正好外出没带电脑，这让娜娜老师很着急。大白老师告诉她，有一种方法可以让PPT快速变成一种特殊的页面——H5页面，这样就可以随时随地浏览课件作品了。本节课程就让我们一起来学习如何让PPT秒变H5页面吧！

解决对策

PPT课件中一般都设置了动画效果、切换效果，插入了音视频资源，如果计算机中没有安装相关软件或将PPT转为PDF格式，这些效果则没有办法正常地呈现出来。现在，只要通过"PP匠"这个在线平台就可以快速地将PPT转换成当前流行的H5格式文件，让图形、动画、音视频、嵌入字体等素材以网页的形式淋漓尽致地体现出来，完美还原PPT效果。

◎平台介绍◎

平台名称：PP匠（http：//ppj.io）。

功能介绍："PP匠"具有行业领先的转换技术，如图形、动画、音视频、嵌入字体等，统统都可淋漓尽致地展现为H5页面。PPT一键转换，无须二次制作，同时生成微信二维码，移动端传播更方便。"PP匠"可快速将PPT带入移动传播时代，表单、测评、语音等扩展功能均可快速实现，利用密码建立访问限制，让特定信息的分享更放心，达到详细的页面浏览数据、持续追踪传播效果，也可自行录制页面配音，使信息传达更透彻，还可轻松插入问卷、作业，即刻收集受众的反馈。

相关知识

H5页面：即HTML5，是集文字、图片、音乐、视频、链接等多种形式的展示页面，丰富的控件、灵动的动画特效、强大的交互应用和数据分析，非常适合通过移动设备进行展示、分享。

　　H5页面有着突出的优点，主要表现在三个方面：一是能有效提升用户体验。H5页面具有良好的交互性，可加深用户的体验。二是方便的社交分享和强大的传播力，可以很好地提示用户主动传播想要传播的信息点。三是传播成本低、效果明显。H5页面可以兼容不同平台，比如朋友圈、微博等，使交流成本大大降低。

案例精讲

◎ 实践过程 ◎

一、PPT制作

　　使用PowerPoint软件先制作好课件，整合好图文、动画、音视频等内容。如果要横屏显示，最好设置版面为16：9的横版；如果要竖屏显示，最好设置版面为16：9的竖版。

二、平台登录

　　打开浏览器，输入网址进入"PP匠"主界面，使用账号登录后，可看到"PP匠"的基本功能。如图1所示。

图1　"PP匠"的基本功能

三、上传文件

　　单击"开始上传"按钮后，选择需要转换的文件，可以是PPTX、PPT、DPS、PDF等格式。上传之后会进行页面生成，根据文件内容多少时长不等，耐心等待即可。如图2所示。

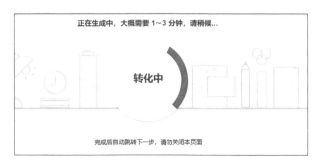

图2　上传转化中

四、常用设置

　　转化完成后，可以看到生成的分享二维码和链接，也可对分享时的标题、分享描述进行进一步修改，也可添加一段音乐作为H5页面的背景音乐。普通情况下，加载页默认用"PP匠"logo，且有效期为7小时。如果PPT内容进行了更新，可单击右上角"更新PPT"重新加载。设置完成后不要忘记单击保存。如图3所示。

图3　常用设置

五、高级设置

除了常用设置外，也可进行高级设置。例如，添加翻页箭头、翻页控制方式、动画控制方式。如图4所示。

图4　高级设置

可添加密码和设置预览页数进行访问限制，密码可手动设置或随机生成。其中，"PP匠"生成的链接是私密安全的，访问限制只是进一步控制权限。

设置完成保存后，可单击"预览"按钮或扫描二维码随时查看最终效果。

要点总结

本专题主要学习了将PPT转换为更具传播力的H5页面的方法，培养了用技术解决问题的能力。概括起来，将PPT秒变H5的基本操作步骤为：

制作PPT→登录"PP匠"→上传PPT文件并自动转化→进行基本设置或高级设置→分享链接或二维码。

技术提示:

（1）上传的H5背景音乐文件大小限制10MB以内，建议将音乐裁剪至40秒内以保证加载速度。

（2）因为PPT是上传至"PP匠"的服务器然后转成H5的，所以请注意信息安全，不要涉及敏感信息内容。

（3）免费功能的作品时效为7小时，所以请保证在有效时间内分享并完成浏览任务。

拓展提升

◎任务一◎

请选择一个课前预习用的教学课件，将其上传至"PP匠"后转为H5页面，发送给学生预习，并让学生谈谈H5类型课件的优点和缺点。

◎任务二◎

选择一种常用的H5制作平台，体验H5页面的制作过程并分享最终成果。

专题12 巧用钉钉家校"成绩"功能实现点对点反馈

····· **问题情景** ·····

娜娜老师是"博雅班"的副班主任，经常要公布学生的个人成绩或者信息，以方便学生自己获取或核对。出于个人信息安全考虑，娜娜老师不能将整张信息直接发布在学生群里，怎样才能解决这个问题呢？娜娜老师不知如何是好，于是打电话请教大白老师。大白老师给娜娜老师做了悉心指导，最后她出色地完成了任务。大白老师到底教会了娜娜老师哪些实用技术呢？

解决对策

娜娜老师遇到的技术问题就是学生个人信息的一对一反馈。其实，只要掌握了钉钉群的家校"成绩"小功能，这个问题就能够迎刃而解。

◎工具软件◎

钉钉是阿里巴巴集团打造的一个工作商务沟通、协同、智能移动办公平台。钉钉已经在我们的线上教学中起到很大的作用。它可以通过在线直播和群会议的方式帮助教师进行在线课堂、召开家长会等活动，还可以构建学校架构，制订适合学生的个性化学习计划。教师和学生通过钉钉的家校本功能完成作业布置、作业提交、优秀作业展评等任务。

相关知识

钉钉家校本：主要用来布置、批阅、评价作业，反馈成绩，是钉钉班级群很实用、利用率也很高的一个功能。家校本功能全面，能为学生作业完成、成绩反馈等课后活动提供很大的便利，家校本功能只在"专属钉钉"下的行政班群，没有行政班的自建群无此功能。

案例精讲

◎准备工作◎

建立钉钉群、准备好要公布信息的Excel表格。

◎实践过程◎

1.打开钉钉主界面，如图1所示。打开"消息"功能，如图2所示。

图1　软件界面　　　　　　　　　　　　图2　打开"消息"功能

2.选择其中的一个群，如图3所示。单击"校"按钮，选择"成绩"选项，如图4所示。

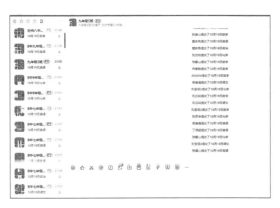
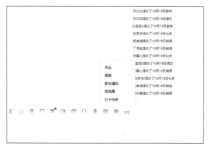

图3　点选其中的一个群　　　　　　　　图4　点"校"按钮

3.打开"成绩"页面，如图5所示。单击"+"按钮，新增一个班级成绩，如图6所示。

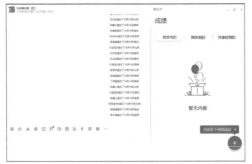
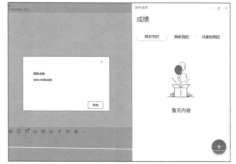

图5　打开"成绩"页面　　　　　　　　图6　单击"+"，新增一个班级成绩

4.填写表单，并单击"下一步：保存并上传成绩单"按钮，如图7所示。单击"第一步：下载模板"，如图8所示。

图7　填写表单　　　　　　　　　　　　图8　下载模板

5. 打开下载的Excel模板，填写学生的相关信息。单击"第二步：上传成绩"，上传填写好的表格，如图9所示。

图9　上传填写好的表格

6. 单击"发布"按钮，完成成绩发布，如图10所示。学生端点击查看个人成绩。如图11所示。

图10　点击"发布"完成信息反馈　　　图11　学生端点击查看个人成绩

7. 如果有问题联系老师反馈。如图12所示。此功能只作为信息发布，查看成绩。如图13所示。

图12　联系老师反馈

图13　通知家长提醒查看

8. 对未查看成绩的学生，可以在"家校本"→"成绩"→"我发布的"选项中找到，然后对这些成绩进行管理。如图14所示。

图14　查看发布的成绩并进行管理

要点总结

通过本专题的学习，我们学会了使用钉钉"家校"中的"成绩"功能实现学生个人信息的点对点反馈，很好地保护了学生的相关隐私数据。概括本专题的应用步骤，总结如下：

第一步，打开"消息"功能，点选"群"。

第二步，单击"校"按钮，选择"成绩"选项，新增班级成绩，填写表单。

第三步，下载模板，填写、上传表格并发布。

第四步，学生查询个人信息，若有问题可以联系老师。

技术提示：

（1）有钉钉"校"功能的群不是普通的群，而是家校群。

（2）添加反馈项目时可以将列表拉动到最下面，选择"添加科目"，按需求进行添加。

（3）上传填写好的表格时，要将Excel编辑窗口关闭。

（4）发布成绩单后将无法撤回，请检查无误后发布。

（5）本功能主要用于成绩反馈，也可用于学生信息反馈。如果发现学生信息有误，可以直接私信老师进行修改。

拓展提升

◎任务◎

试着发布一个信息反馈，并自主编辑发布科目，比如反馈学生的身份证号、户口所在地、住址等。如图15所示。

图15 添加科目

📺 信息创造

专题13　用"草料二维码"制作植物百科"码书"

> ### 问题情景
>
> 　　在学校举办的一年一度的科技节上，小超同学展示了他们团队的作品。作品是一本很特别的植物百科书，书名为《校园植物百科"码书"》。他们的作品受到了老师们的一致好评，获得了校优秀奖。原来在一次"信息科技"课上，大白老师给"博雅班"学生详细讲解了二维码的原理，并教会了学生制作二维码的方法。小超同学灵机一动，就有了制作"码书"的想法。他到底是如何制作这本"码书"的呢？本节内容就让我们一探究竟吧！

🔍 解决对策

　　小超同学制作"码书"需要有基本的网络信息检索和筛选能力，还要有对信息的整合与加工能力，充分体现了综合的信息技术应用能力。首先，他需要开展实际观察，把校园里已经种植的植物名称进行汇总，然后在搜索引擎网站检索了解每种植物的百科信息，筛选一些优质的网站内容，把需要用到的网页地址进行汇总。待所有备选的网页地址确定好后，就可以在二维码制作平台或者软件中，将网址生成二维码了。接下来，按照统一设计的模板，填写相关植物的关键信息，整合进二维码图片，将每种植物信息做成一个页面。最后，把设计好的封面页、封底页和所有植物页面打印装订，就形成校园植物百科"码书"了！这个任务实践的过程，充分体现了信息素养的重要性，主要包括信息的获取能力、信息的检索能力、信息的加工和整合能力等。

◎平台介绍◎

平台名称：草料二维码。

功能介绍：该平台专门提供二维码的生成、美化、印制、统计、管理等技术支持和行业解决方案。平台支持多种格式（如文字、网址、文件、图片、音视频等）的二维码生成，操作非常简单，稳定且实用，是制作二维码很好的专业平台。

相关知识

二维码：又称二维条码，是用某种特定的几何图形按一定规律在二维平面方向上分布的、黑白相间的、记录数据符号信息的图形。在代码编制上巧妙地利用构成计算机内部逻辑基础的"0""1"比特流的概念，使用若干个与二进制相对应的几何形体来表示文字数值信息，通过图像输入设备或光电扫描设备自动识读以实现信息自动处理。它具有条码技术的一些共性：每种码制有其特定的字符集；每个字符占有一定的宽度；具有一定的校验功能。同时还具有对不同行的信息自动识别、处理图形旋转变化点等特点。目前，世界上使用最广泛的二维码叫作QR Code，全称为Quick Response，是一种近几年来在移动设备上超流行的编码方式，它比传统的Bar Code条形码能存更多的信息，也能表示更多的数据类型。

码书：就是用二维码图片做成的书籍或者书册，可有效整合相关主题的网络资源，每个页面的设计要有二维码图片及相关内容的概要文字说明。只要用移动设备扫一扫二维码，即可跳转到相关网页或者其他资源的详情页。

案例精讲

◎平台学习◎

打开"草料二维码"的平台网站，可以看到，主界面的设计非常简洁。仔细研究后，我们会发现，平台的功能非常强大。作为日常工作和学习中的基本应用，平台提供了将文本、网址、文件、图片、音视频、名片、微信、表单等一键生成二维码的功能。下面以网址如何生成二维码为例，介绍实现方法，其他功能请到平台自己尝试实践。

首先我们找到一个需要制作二维码的网址，这里以百度百科的"牡丹"词条为例，复制该词条的网址，粘贴到"网址静态码"下的文本框，如图1所示。单击下方的"生成二维码"，在右侧方框的位置即可生成该网址专属的静态码。

图1 "草料二维码"中生成网址静态码

生成二维码后，还可以上传logo，并且对二维码样式进行美化，打造个性化的二维码。

从图1可以看到，目前生成的二维码叫作"网址静态码"，还可以生成"网址跳转活码"。那么，二者有什么区别呢？

网址静态码：把输入的网址直接编码成为二维码，生成后无法修改网址，不能统计扫码量，适用于网址无须变更的情况。

网址跳转活码：草料自动分配一个短网址用来跳转输入的目标网址，把这个短网址生成二维码，扫码后可以实时跳转到目标网址并记录访问数据。后期修改目标网址时，因并未改变短网址，所以二维码图案不变。

◎ **实践过程** ◎

小超同学在调查清楚了学校校园已生长的植物名称清单后，接下来的任务会有很多。下面详细介绍他是如何制作"码书"的完整过程。

一、植物百科资源的统计

假设小超同学的植物清单上有50种植物，他接下来的首要任务就是上网查找适合的资源。关于植物的百科知识，资源获取主要有两个途径：其一，比较权威的百度百科词条；其二，其他各平台相关的网页信息（包括文字、图片、视频等）。每检索了解完一种植物，就要把相关网址在制作的表格中进行汇总。这里，要求最多填写两个网址即可。样表见表1。

表1　植物百科资源统计样表

编号	植物名称	学名	别名	分布范围	百度百科词条网址	其他资源主题及网址

二、网址静态码的生成与整理

统计工作完成后，接下来就可以根据每种植物汇总的资源网址来制作二维码了。制作的平台就是前述的"草料二维码"，这里不再赘述。由于二维码较多，为了防止错乱，需要对每种植物生成的二维码图片进行规范命名，文件名称的格式为"植物编号–1"或"植物编号–2"。数字"1"表示百度百科词条网址生成二维码的顺序号，数字"2"表示其他资源网址生成二维码的顺序号。比如："1–1"就表示植物编号为"1"的百度百科词条网址所生成二维码图片的名称；"1–2"就表示植物编号为"1"的其他资源网址所生成二维码的名称。

三、页面的版式设计与制作

当把所有的二维码图片生成并规范整理后，就可以在Word中按照模板依次来填充内容并制作"码书"页面了。页面的板式可以根据自己的喜好来设计，建议排版力求简洁明了，下面推荐一种模式供参考，如图2所示。

图2 "码书" 页面参照模板

四、封面设计与装订彩印

把每种植物的 "码书" 页面设计完成后，马上就要大功告成了！在彩印装订前，需要设计一个漂亮的封面。这个可以根据 "码书" 册子的大小来确定封面的大小。给出一个参照的封面设计。封底的设计可以根据个人喜好，添加一些必要的图案和文字。

要点总结

"码书" 的制作其实也没有过多的技术门槛，只要掌握了 "草料二维码" 的基本应用即可。然而，从校园植物信息列表的获取到百科网络资源的整理，再到资源的整合加工，最后到作品的生成，整个实现过程都需要制作者具备较好的信息素养。目前，"草料二维码" 也推出了手机端的APP，可以让二维码的制作更加便捷高效。师生都应该学好二维码生成技术，将 "码书" 作为学习过程中进行资源分享的强有力工具。

拓展提升

◎任务一◎

按照小超同学的实践过程，师生一起，就本校校园里的植物名称进行正确识别并做全面统计，生成校园植物名称列表，然后小组合作，通过网络检索整理出植物的百科资源统计表，最后分工共同设计和完成校园专属的植物百科 "码书"。

◎任务二◎

请将自己喜欢的网页资源进行整理，加工制作一本自己专属的 "码书"。

专题14　用"芦笋录屏"快速实现精品微课的制作

问题情景

　　市教育局举办的微课大赛已经开始，老师们都纷纷准备录制微课参加比赛。大白老师鼓励娜娜老师积极参赛，并且给娜娜老师分享了一些录制微课的极简技术。娜娜老师认真学习技术，终于体会到了录制微课的乐趣，最后也做出了一个"人像+录屏"的精品微课作品，信心满满地参加了比赛。大白老师到底教会了娜娜老师哪些实用技术呢？

解决对策

　　微课已经成为影响信息化教学质量的重要资源。娜娜老师要想在有限的时间里快速录制一个精品微课，只要掌握了以下这款软件的应用，微课录制工作就会变得更加高效。

◎**工具软件**◎

　　软件名称：芦笋录屏。

　　功能介绍：该软件是一款录屏软件，将"人像+录屏"的流程大幅简化，只需要经过简单的学习，便能够完成录制。录制好的视频，会自动上传至云端，并即时生成一个供分享的视频链接，整个过程"一气呵成"！软件除了电脑端，还有手机APP，可以实现信息同步，通过手机端和电脑端都可以对录制的视频进行快捷化的编辑处理。芦笋录屏PC端提供更加丰富的功能，比如虚拟背景、方形人像、虚拟人像、绿幕抠图等，更有视频剪辑、识别字幕、花样互动等实用功能。

相关知识

　　微课：一种用于教学辅助的视频课程资源，经常用以启惑、解疑。教师可以将微课视频发给学生用于课前预习，也可以用作课堂上的学习资源，吸引学生注意力，提升课堂教学质量，还可以用作课后的复习和拓展。微课的内容不宜过多，一定要讲求"微且精"，视频长度一般控制在10分钟内，以5～8分钟为宜，力求做到能讲清楚某一个点，例如，某知识点、某易错点、某考点、某例题等。

微课常见的类型有录屏类、真人出镜类、动画制作类等。其中，录屏类是最简单和常见的一种微课类型，一般利用录屏软件将教师的讲解和PPT的画面同步整合在一起而形成；真人出镜类是目前较为提倡的一种微课类型，通过技术手段将教师人物形象与课件画面同步整合，让画面显得更亲切；动画制作类是对技术要求较高的一种微课类型，一般通过专业软件提供的动画角色完成创意制作，在表现方式上更加生动、新颖。常见的专业微课制作软件有Camtasia Studio、剪映、Focusky、万彩动画大师等。

案例精讲

◎软件安装◎

官网下载"芦笋录屏"软件，下载时注意软件相对应的操作系统版本，如图1所示。

图1 "芦笋" 软件下载界面

下载完成后，双击下载好的软件安装包进行安装。该软件还可直接使用网页版，在其官网直接登录即可。

◎准备工作◎

作为学科教师，无论是将微课用于教学，还是用于参加比赛，都要认真对待，养成规范制作微课的习惯，加强微课视觉效果的设计，丰富微课内容。在录制微课前，要做好充分的准备工作，争取可以"一气呵成"完成录制。以下几点准备工作可供参考。

1. 精心确定好微课主题，搜集整理和加工好教学内容，制作好精美的课件。一般建议在课件的第一页放置片头，片头一定要写清楚相关的课题和所属教材的章节。

2. 撰写解说稿很有必要。为了让微课录制过程中的语言更加流畅，杜绝口头禅、表述错误等问题，建议在录制前最好写出一份完整的解说稿，按照解说稿去讲解会更加得心应手。

3. 录制微课前，养成优化电脑性能的好习惯。建议定期清理电脑垃圾，关闭无关网页、聊天软件等。

◎实践过程◎

1. 打开芦笋录屏客户端，输入相关信息，单击"登录"按钮，如图2所示。

图2 登录界面

2. 在录制面板界面中，设置录制相应的参数，如图3所示。

图3 录制面板

录制模式：提供仅人像、人像+屏幕、仅屏幕三种录制模式。

屏幕选择：提供全屏幕录制、自定义区域两种屏幕选择。

录制设置：在声音方面，芦笋PC端Windows版本支持同时麦克风、系统声音录制两个声音，MacOS系统只能录制麦克风声音。

3. 选中"人像+屏幕"模式，将鼠标置于头像下方后将会显示设置工具栏（工具栏从左至右依次为"圆形头像""抠图人像""虚拟背景""全景人像"模式），选择"抠图人像"模式，如图4所示。

图4 抠图人像界面

将鼠标置于头像上，按住鼠标左键可以进行头像位置的调整，选中头像右上方的缩放键进行拖曳，则可自由调整头像大小。

此外，芦笋录屏还支持绿幕抠图。

（1）在录制面板界面中，单击右上角"头像"→"设置"按钮，如图5所示。

图5　录制面板

（2）在"设置"对话框中，单击"摄像头"→"绿幕"按钮，如图6所示（注：抠除时需要调整摄像头位置，让绿幕充满整个摄像头背景）。

图6　"设置"对话框

（3）鉴于每个人的绿幕颜色的差异，如果上一步没有将绿幕去除，可以调节绿幕颜色，进行去除，如图7所示。

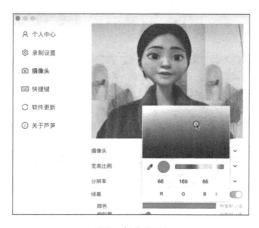

图7　颜色设置

4.设置好相应参数，打开需要录制的PPT，调整头像的位置（注意头像不要遮挡任何的文字），单击"开始录制"按钮，如图8所示。

图8　录制界面

在录制过程中，画面左侧有一个悬浮的芦笋logo，将鼠标置于logo上会自动变成一个工具栏，功能有完成录制、暂停和继续录制、取消录制、打开和关闭麦克风、摄像头以及使用画笔，如图9所示。

图9　快捷工具栏界面

5.录制完成后，单击工具栏中的红色"停止键"，系统自动弹出视频的编辑网页，进入"芦笋云空间"。

6.打开"芦笋云空间"，单击需要剪辑的视频，单击视频右侧"视频剪辑"按钮，如图10所示。

图10　视频剪辑界面

7. 单击下方进度条逐帧查看视频，选择需要分割的片段，单击"分割"按钮，如图11
所示。

图11　视频分割界面

8. 在视频剪辑页面中，还可通过分割功能，分割出不想要的视频片段，逐一选中不想要
的视频片段，单击"删除"按钮。

9. 视频编辑完成后，单击"保存"按钮。

10. 单击进入"芦笋云空间"，单击右上方的"分享"按钮，即可完成视频的分享，如
果需要将视频保存到自己的电脑上，单击"..."，再单击"下载"即可，如图12所示。

图12　芦笋云空间界面

11. 在视频分享界面中，不分享的视频会以"仅作者可见"的形式存储在云空间，收到链
接的访客可以查看单视频/文件夹，不可访问作者空间，如图13所示。

图13　视频分享界面

要点总结

本节专题我们详细学习了微课的相关知识，学习了用"芦笋录屏"软件速成一个"录屏+人像"微课的技术要点，有效地提升了微课制作能力。概括起来，用该软件录制微课的步骤为：

第一步，确定主题。

第二步，撰写微课讲稿。

第三步，制作PPT或动画。

第四步，录制视频与后期剪辑。

第五步，生成与分享。

技术提示：

（1）常见问题：如果没有弹出网页，或者不小心关闭，如何进入云空间？

解决办法：打开"芦笋客户端"，单击录制面板右上方的"小房子"图标，可以进入云空间，查看录制好的所有视频，如图14所示。

（2）"隐藏|显示工具栏"的小技巧。

Windows系统的方法：快捷键Ctrl+Shift+T。

MacOS系统的方法：快捷键Command+Shift+T。

后期剪辑软件推荐：剪映、格式工厂等。

图14 录制面板

拓展提升

◎**任务**◎

根据以下所给表格，填写如表1所示的微课制作前的"确认单"，然后用"芦笋录屏"软件完整实现一个"人像+屏幕"的微课，时长控制在10分钟以内，尽量一气呵成。

表1 微课录制准备工作确认单

预录课题	课件是否准备妥当	麦克风是否调试好	人像是否清晰	人像大小、位置是否妥当	是否关闭无关软件	片头片尾有无添加

专题15 "问卷星"平台可以这样快速生成考卷

问题情景

学校想对学生线上教学的学习效果进行测试。然而，由于线上测试还存在着诸多需要解决的现实问题，比如：试卷的制作、发放与回收，有效的在线监考等。对于大多数教师来说，在线考试试卷的制作和在线考试平台的选择已成为首要问题。大白老师在经过认真研究后，选择了一个适合在线测试的专业平台，并就如何快速生成考卷提出了可行的方法。

解决对策

学校在线考试举办之前的首要问题就是考试平台的选择和考卷的设计。大白老师最后选择了"问卷星"这个平台，在对平台功能做了详细了解后，向老师们介绍了快速生成考卷的方法，为考试的开展做好了充分的技术保障。

◎平台介绍◎

平台名称：问卷星。

功能介绍："问卷星"是一个专业的在线问卷调查、考试、测评、投票平台。其中，在线考试系统可以快速生成各类在线考试，支持手机填写，实现微信考试、题库抽题、随机组卷、系统阅卷、智能计分、考试时间限制等多种功能。

相关知识

线上考试是通过网络技术开展考试的一种方式。随着网络的发展，考试的形式不再局限于现场考核，为了节省时间、成本等，许多考核采用了线上发布、线上完成、线上考核，其形式也多种多样，诸如采用APP、插件小程序等形式。线上考试相比传统考试有诸多优势。我们都知道，传统考试从出题、组卷、印刷，到试卷的分发、答题、收卷，再到阅卷、公布成绩、统计分析考试结果等整个过程都需要人工参与，周期长，工作量大，容易出错，还要有适当的保密工作，使得整个学习考试成本较大。线上考试恰好弥补了传统考试的诸多短板，越来越为师生所推崇。然而，线上考试也存在难以监督、精准监考等难题，需要借助技术去进一步解决。

案例精讲

◎**素材准备**◎

学科测试题库。

◎**实践过程**◎

1. 进入平台，登录账号，切换到"我的问卷"首页，如图1所示。
2. 单击"我的问卷"首页左上角的"创建问卷"，进入功能选择界面，如图2所示。

图1 问卷首页

图2 功能选择界面

3. 在功能选择界面选择"考试"功能，进入"创建考试问卷界面"，如图3所示。
4. 试卷创建的方法我们可以用"文本导入"的方法，如图4所示，单击"文本导入"→"上传Word文档"选项，如图5所示。

图3 创建考试问卷

图4 文本导入

图5　上传Word文档

5. 单击"上传Word文档"后进入下级界面，选择"下载Word模板"，可以根据"格式说明"，如图6所示，在模板中编辑自己要考查的知识点。可以根据不同的学科选择不同的题型进行出题，可选择的题型如图7所示。在Word中编辑试卷模板时要将题目的正确答案填入题目中，也可以在题目后面添加题目解析，方便学生做完题目之后进行检查，如图8所示。

图6　制作试卷模板

图7　题型选择

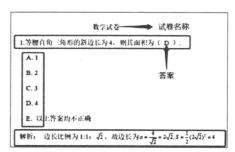

图8　题目要求

6. 试卷模板做好之后就可以按照图6中的第二步，单击"上传Word模板"选项，选择做好的"试卷模板"，然后单击"打开"，界面会跳转到试卷界面，将试卷页面下拉到最下边，选择"继续编辑问卷"，如图9所示。

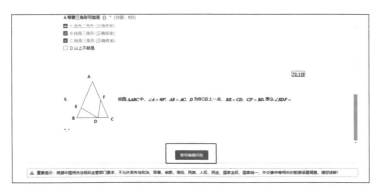

图9 继续编辑问卷

7. 进入"编辑问卷"的界面之后，我们可以先添加"试卷填写说明"，在这个地方可以标注测试要求，编辑完之后继续给试卷添加"基本信息"，添加学生的姓名、班级、学号等信息。添加方法如图10所示。

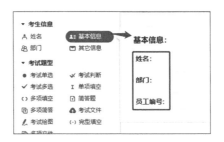

图10 添加基本信息

8. 针对题目也可以进行二次编辑，可编辑的内容及编辑方法如图11所示。

图11 编辑题目

9. 当我们完成所有题目的检查和编辑之后，可以先"预览"试卷效果，预览没有问题就可以选择"完成编辑"，如图12所示。

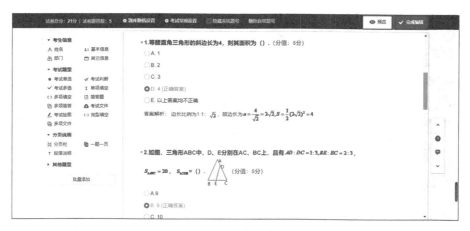

图12　完成编辑

10. 试卷编辑完成之后，可以根据自己的需要，进行必要的"考试设计"，如图13所示。

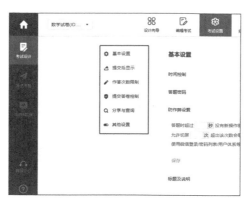

图13　考试设计

11. 考试设计完成之后就可以"发布试卷"了，如图14所示。

图14　发布考卷

12. 发布试卷之后就可以向学生"发送考卷"了，发送考卷的方式有很多，可以参考图15中的方法。

图15　发送考卷

要点总结

本专题我们学习了如何在"问卷星"平台快速制作试卷的技术，掌握了在线考试实施的方法，为今后的教学效果评测提供了新的思路。本专题的技术应用步骤如下：

第一步，制作Word模板；

第二步，上传Word模板；

第三步，继续编辑考卷试题；

第四步，发布考卷；

第五步，发送考卷。

拓展提升

◎任务◎

根据所教学科的题型特点，尝试制作一个多种题型的线上测试卷。要求用多种方法比对出题的速度，训练用Word模板出题的技巧，形成一个自己专属的完整试题模板，方便今后出考卷的时候直接套用。

专题16　信息安全有效阻止电脑桌面弹窗广告的方法

■ **问题情景** ■

　　娜娜老师在平常工作中，每次电脑开机，莫名的弹窗就"扑面而来"。有时，去点关闭按钮，怎么也关闭不了，还有可能因误操作打开其他无关链接。于是她请教了大白老师如何解决这个问题，大白老师给娜娜老师介绍了两种实用方法。经过操作后，电脑桌面上的弹窗广告果然消失得无影无踪了！大白老师到底教会了娜娜老师哪些实用技术呢？

解决对策

　　娜娜老师遇到的问题主要有两个解决方法：第一，对操作系统自带的功能进行设置，进而有效阻止弹窗；第二，运用有阻止弹窗功能的安全软件来拦截弹窗广告。其实，如果把两种方法相结合，弹窗广告相关的问题可以得到更有效的解决。

◎**工具软件**◎

　　软件名称：火绒安全。

　　软件介绍：火绒安全软件是一款集"杀、防、管、控"于一体的新一代全功能安全软件。软件基于强大的底层技术，自主研发高性能反病毒引擎，将反病毒、主动防御和防火墙三大模块深度整合。软件拥有简洁的界面、丰富的功能和良好的体验，深受广大网民的喜爱。

相关知识

　　弹窗：一般是指网络用户在打开网页、软件、手机APP等的时候自动弹出的消息窗口。弹窗大多以一种广告推广的形式出现，所以我们通常叫作"弹窗广告"。从本质上来看，弹窗的脚本实质上也属于一种恶意的程序代码。弹窗的方式一般有三种。第一种：普通弹出式。特点为用户上线时分时段主动推送广告窗口（如网页、Flash、流媒体等）。第二种：定向性弹出式。特点为用户访问特定的网址时弹出广告窗口。第三种：强制性弹出式。特点为通过DNS劫持、会话劫持等技术，随时都可以弹窗。由于弹窗的泛滥，极大程度上影响了网友的上网体验，成为时下网络安全的一大困扰。

案例精讲

◎**实践过程**◎

一、从"控制面板"设置拦截

在Windows 7以上版本的Windows系统中，都有可以设置弹窗拦截的相关功能。以Windows 11为例，我们来演示相关操作过程。

1. 打开"控制面板"，单击"网络和Internet"选项，再单击"Internet选项"如图1、图2所示。

图1　打开"控制面板"

图2　打开"Internet选项"

2. 在弹出的"Internet属性"面板中，选择上方的"隐私"选项卡，然后确认"弹出窗口阻止程序"下的复选框"启用弹出窗口阻止程序"是否勾选。如果没有勾选，请勾选。然后单击"设置"按钮。在弹出的"弹出窗口阻止程序设置"对话框中，可以添加你允许的特定网址，这些网站的弹窗在打开主页时将被允许弹出。在下方的"阻止级别"下拉菜单中，一般会将设置级别调整为"中：阻止大多数自动弹出窗口"。如果不想要任何弹窗，就设置为"高：阻止所有弹出窗口"。设置完毕后，然后关闭面板即可。如图3所示。

图3　相关操作

二、用"火绒安全"实施拦截

1. 软件的安装

百度搜索"火绒安全"，进入带有"官方"字样的网站，下载个人版的软件，如图4所示，也可通过其他途径下载软件。双击安装程序即可按照默认路径进行安装。

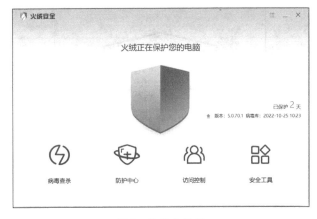

图4　软件主界面

2. 实现过程

打开软件，单击"安全工具"，调出面板，如图5所示。可以看到，软件提供了很多实用的工具，比如"系统工具""网络工具""高级工具"等。单击"系统工具"中的"弹窗拦截"，调出设置面板，开启"拦截不受欢迎的弹窗"滑动按钮即可。

图5　相关操作

当开启功能后，我们发现在下方出现了目前正在拦截的一些程序。如果有些弹窗没有出现在列表中，但是会不定时弹出来，那又该如何去处理呢？我们可以发现，在软件的上方有"截图拦截"的链接字样，单击后会启动选取窗口的功能，只要鼠标移动到相应弹窗的上面，就会智能识别窗口的可执行程序，然后单击"拦截"按钮，即可手动添加该弹窗到列表中。

要点总结

网络安全意识的培养和网络安全知识的学习对有效预防计算机病毒、网络诈骗、信息骚扰等至关重要。桌面弹窗广告不仅分散我们上网的注意力，还影响我们计算机安全的一个突出问题，所以很有必要把弹窗的拦截作为计算机使用的良好习惯，并予以长期坚持。

拓展提升

◎**任务**◎

请你和其他教师或者同学一起，就一周时间内，统计"火绒软件"对相关弹窗程序拦截的次数，统计常见的弹窗程序，并比对频繁出现的弹窗有哪些。

专题17 让Excel文档信息更安全

随着信息技术的飞速发展，信息安全已经和我们的日常生活息息相关。娜娜老师手头有一份全班学生个人信息的Excel文档，这份文档包含多个工作表，包括每个学生的身份证号码、家庭住址、父母电话、考试成绩等信息。对于这样的重要文档，娜娜老师总是格外注意密码保护，所以她给文档设置了安全密码。娜娜老师是如何实现的呢？

解决对策

娜娜老师解决的问题主要是数据安全问题，她有意地、自觉地去保护重要文档，体现了她较高的信息安全意识。随着网络时代的飞速发展，信息安全意识成了教师信息素养的重要组成部分。Excel中有专门的加密功能设置，平时就应该养成重要文档加密的习惯。

◎工具软件◎

软件名称：Microsoft Excel。

相关知识

文档加密是常用的一种加密技术的应用，是指通过采用加密算法和各种加密技术对网络或计算机中的文档进行加密，防止文档非法外泄的技术。文档加密主要包括磁盘加密和驱动级加密技术，二者的主要特点为：磁盘加密主要为用户提供一个安全的运行环境，数据自身未进行加密，操作系统一旦启动完毕，数据自身在硬盘上以明文形式存在，主要靠防水墙的围追堵截等方式进行保护；驱动级加密技术会对用户的数据自身进行保护，一般采用透明加解密技术，用户感觉不到系统的存在，不改变用户的原有操作，数据一旦脱离安全环境，用户将无法使用，有效提高了数据的安全性。

案例精讲

◎**素材准备**◎

一份汇总了"博雅班"学生个人重要信息的Excel文档。

◎**实践过程**◎

1. 单击左上角Office标识，在弹出的对话框中选择"另存为"，在弹出的"另存为"对话框左下角找到"工具"并单击，在弹出的选项中选择"常规选项"，打开"选项"对话框，然后分别在"打开权限密码"和"修改权限密码"文本框中输入设置的打开和修改工作簿的密码。如图1所示。

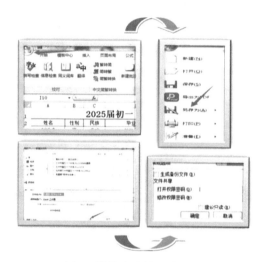

图1 操作步骤展示（一）

2. 单击"确定"按钮打开"确认密码"对话框，然后在"重新输入密码"文本框中重新输入前面设置的打开权限密码。如图2所示。

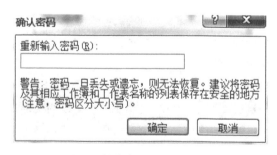

图2 操作步骤展示（二）

3. 单击"确定"按钮打开新的"确认密码"对话框，然后在"重新输入修改权限密码"文本框中输入前面设置的修改权限密码。请一定看清楚相关的"警告"提示。如图3所示。

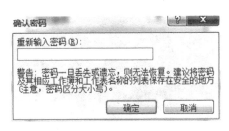

图3　操作步骤展示（三）

4. 输入完成后单击"确定"按钮即可完成对工作簿的打开和修改密码的设置。再次打开该工作簿时，系统就会自动弹出"密码"对话框，此时需要在"密码"文本框中输入前面设置的打开权限密码。如图4所示。

图4　操作步骤展示（四）

5. 单击"确定"按钮后，系统会自动弹出新的"密码"对话框，只有输入正确的修改权限密码才能正常进入该工作簿，否则只能以只读方式进入工作簿。

要点总结

工作簿的打开权限设置可以有效保护数据安全，为我们日常工作中的数据安全提供很好的保障，我们要养成在平常数据处理中做好数据安全保存的良好习惯，以实际行动确保数据安全。

拓展提升

Microsoft Excel软件的数据安全存储功能，随着版本的不同略有变化，大家可以尝试其他版本工作簿的打开和修改密码的设置，并体会有何异同之处。

模块二
趣味课堂

　　信息技术与学科教学的深度融合，将有效提升课堂的教学质量。如果能将信息技术恰当地应用于课堂教学，既可丰富课堂教学形式，也可丰富课堂教学内容，会让课堂教学妙趣横生。本模块精选了八个专题，将分别从"希沃应用""趣味素材""趣味设计"三个方面，介绍一些实用工具的应用，助力教师课堂教学质量走上新台阶！

希沃应用

专题18　妙用思维导图制作互动选择题

问题情景

　　目前，线上教学已经成为一种常态，为了激发学生的学习兴趣，提高学习效率，娜娜老师想通过特殊形式的习题课来调动学生的学习兴趣。娜娜老师一直在想，有没有什么办法可以让选择题也生动起来，以此调动学生的学习兴趣？经其他学科教师推荐，她巧用希沃思维导图制作了有互动功能的选择题，在课堂实践后，效果非常好。让我们一起来看看她是如何实现的吧！

解决对策

　　娜娜老师遇到的问题可以这样表述：如何让课件中的静态文本选择题变成具有交互性的选择题？其实在"希沃白板"软件中，只要巧用思维导图工具，按照一定的步骤操作便可制作出有交互性的选择题，技术要点为交互性的设计。

◎工具软件◎

　　软件名称：希沃白板5。

　　功能介绍：该软件是一款由希沃（seewo）自主研发的针对信息化教学需求设计的互动式多媒体教学平台。软件支持与教学资源服务平台的同步对接，提供课件、素材、微课等多类型备课资源云存储，授课过程随时调用，带给用户一站式教学体验。软件的最大特色就是强化教学的互动性，提供课件云同步、学科工具、思维导图、课堂活动、超级分类等多种备授课常用功能，会让课堂生动有趣且高效。思维导图是软件的特色功能之一，如果教师能熟练使用思维导图开展教学，会让教学思路更清晰、内容更有条理，也会让课堂教学锦上添花！

相关知识

思维导图（The Mind Map）：又称脑图、心智地图、脑力激荡图、灵感触发图、概念地图、树状图、树枝图或思维地图等，是一种非常有效的图形思维工具，突出表达发散性思维，有利于人脑的扩散思维的展开。思维导图制作的模式一般由关键词和形象的图形有机组成，往往使用一个中央关键词或想法引发一系列形象化的构造和分类，或由中央关键词或想法辐射出其他的关键词、想法、任务或其他关联项目的图解。

案例精讲

◎素材准备◎

选择题文本、相关知识点素材（如图片、视频等数字资源）。

◎实践过程◎

在制作之前，我们先来对比一下原文本效果和最终完成的互动效果。如图1所示。

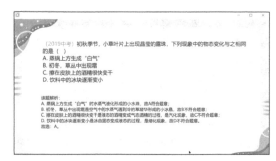

图1　原文本效果和互动效果对比

1.首先打开希沃白板程序窗口，鼠标单击窗口上方的思维导图工具，如图2所示。

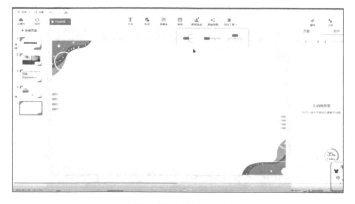

图2　思维导图工具

2. 选择喜欢的思维导图样式，嵌入到工作区中，如图3所示。

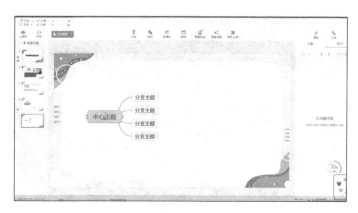

图3 嵌入所选样式

3. 复制选择题题目文本到"中心主题"区域，如图4所示。

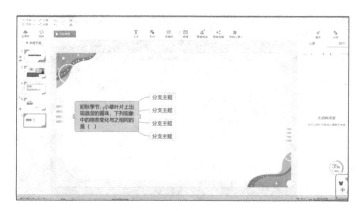

图4 复制题目

4. 紧接着，分别复制选择题各个选项文本到"分支主题"区域，如图5所示。

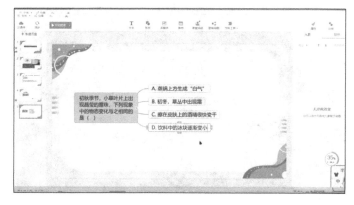

图5 复制选项

5. 在每个选项上单击鼠标右键，选择"添加"→"备注"，如图6所示。

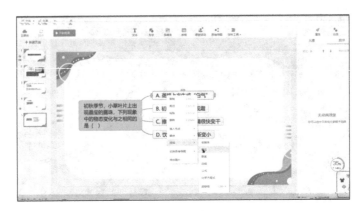

图6　添加备注

6. 分别输入相应的解析文本到备注框内，如图7所示。

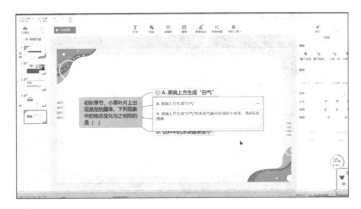

图7　输入备注文本（解析）

7. 授课教师还可以将涉及的知识点素材（如图片、视频等）链接到题目区域，方便讲解。在需要链接的区域单击鼠标右键，选择"导入"→"多媒体"，如图8所示。

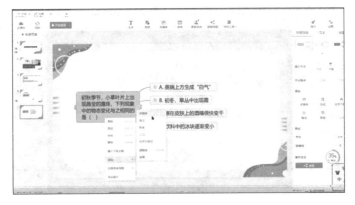

图8　导入多媒体素材

8. 在打开的对话框中找到需要链接的多媒体文件，如图9所示。

图9　打开多媒体

9. 最后，为所有对象添加简单舒适的动画效果，让题目、选项、解析、链接等内容根据需要再显示，如图10所示。

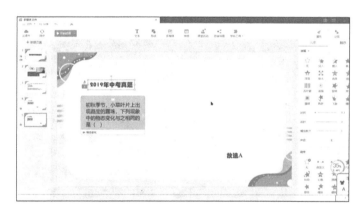

图10　设置动画

当作品初稿设计完成后，还要反复播放，查看动画与显示效果，根据实际需要进行调整，直到满意为止。

要点总结

用思维导图开展课堂教学，体现的是教师先进的教学方法；巧用希沃白板中的思维导图工具制作出有交互性的选择题，体现的是"以生为本"的教学理念。较强的交互效果往往可以提高学生的专注力和学习兴趣。

这些技巧概括起来，实现步骤总结为：

第一步，运用思维导图的分支结构巧妙设置选择题结构。

第二步，巧妙使用思维导图工具的"添加备注"功能展示选项。

第三步，巧妙使用思维导图工具的"导入多媒体"功能讲解知识点。

技术提示：

（1）设置知识点链接图标时，尽量让其最小显示，否则影响美观。

（2）在进行制作之前，养成先搜集整理素材的习惯。

拓展提升

◎ 任务 ◎

运用本节课所学，请尝试运用希沃思维导图工具，搜集相关答案解析资料并整理，将以下与"唐宋八大家"相关的文本多项选择题制作成为一个具有交互性的多项选择题，并将搜集到的相关重点知识，以"备注"的形式添加到各个选项中。

题目：以下"唐宋八大家"中，哪几个是宋朝的？

A.韩愈   B.王安石   C.欧阳修   D.苏洵

E.苏轼   F.苏辙   G.柳宗元   H.曾巩

专题19　用"希沃白板"设计妙趣横生的课堂活动

　　随着教育信息化2.0的持续推进，信息技术与教育教学进入了深度融合与创新发展的时代。教师都开始深入学习信息技术，在不断实践中摸索如何打造高效课堂。娜娜老师近期迷恋上了一款交互式课件制作的专业软件，她除了学习软件基础的技术外，尤其对多样化的课堂活动设计产生了浓厚的兴趣。课堂实践也证明，这些有趣的课堂活动设计的确可以提升课堂教学质量，值得深入研究。娜娜老师到底是如何打造妙趣横生的课堂活动设计呢？

解决对策

　　随着"翻转课堂""混合式教学"等新型教学模式的广泛应用，打破了传统"一言堂"的单向教学模式。我们可以借助信息化手段，设计丰富多彩的课堂活动，改善课堂学习氛围，激发学生的求知欲望，启迪学生思维的发展。那么，有哪些好的方法可以设计出有趣的课堂活动呢？其实，只要掌握了以下这款软件的应用，课堂活动的设计问题就会迎刃而解。

◎工具软件◎

　　软件名称：希沃白板5。

相关知识

　　交互式电子白板：它是电子感应白板与白板操作系统（软件）的集成，融合了计算机技术、微电子技术与通信技术，成为计算机的一种输入输出设备，成为人与计算机进行交互的智能平台。简言之，它是一个具有正常黑白尺寸、在计算机软硬件支持下工作的既具有普通白板和联网多媒体计算机功能，又可以实现普通白板功能与计算机功能以及软硬件功能与教育资源、人机与人际多重交互的电子感应屏板。

　　交互式电子白板可以与计算机进行信息通信，将电子白板连接到计算机，并利用投影机将计算机上的内容投影到电子白板屏幕上，在专门的应用程序的支持下，可以构造一个大屏幕、交互式的协作会议或教学环境。希沃白板是希沃交互式电子白板的一款软件。利用特定的定位笔代替鼠标在白板上进行操作，可以运行任何应用程序，可以对文件进行编辑、注释、保存等在计算机上利用键盘及鼠标可以实现的任何操作。

案例精讲

◎软件学习◎

一、软件安装

双击下载最新的安装包，进入安装界面，按照图1所示步骤即可完成安装，安装路径可自行选择。

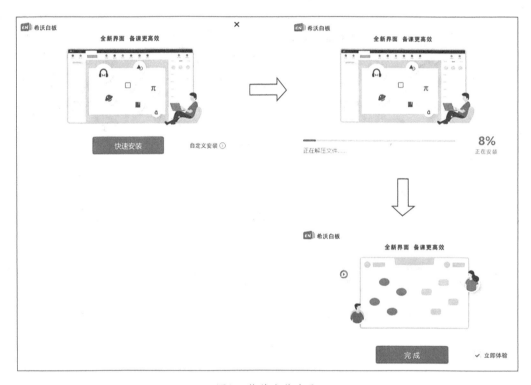

图1　软件安装步骤

二、"课堂活动"功能总介绍

软件的"课堂活动"功能非常有趣和完备，为教师打造互动课堂提供了无限可能。在课堂活动中目前有10种活动模板，分别是趣味分类、超级分类、选词填空、知识配对、分组竞争、判断对错、趣味选择、记忆卡片、球球拼词、知识排序。教师可以根据自己的教学内容选择相应的活动模板，然后添加课堂活动的"名称"和"子类别"，还可以选择活动模式，如"经典模式""竞技模式"等，制作完成后，教师可以测试运行，然后使用。

◎实践过程◎

1.打开"希沃白板5",单击菜单栏中的"课堂活动",如图2所示。

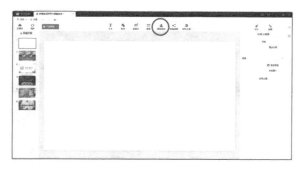

图2　软件打开界面

2.单击"活动模板"中的"趣味分类",并选择一个图文模板,如"梦幻岛屿",单击"下一步"。

3.按照系统提示填写左右两侧类别"名称"和"子类别",左侧是奇数,子类别是1、3、5、7、9,右侧是偶数,子类别是2、4、6、8、10,然后选择活动模式,"经典模式"或"竞技模式",此处以"经典模式"为例,如图3所示。

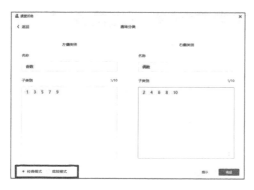

图3　活动内容添加

4.单击"完成",即可产生一个新页面,完成活动设置。

学习了软件的功能后,老师可以尝试制作一个课堂活动了!

要点总结

希沃白板是一款功能强大的课件制作工具,当课堂出现了单调枯燥的分类、填空、匹对的题目时,可以借助软件的很多功能以生动、趣味的形式去呈现,轻松提高学习的趣味性和有效性。教师在课堂中,可以让学生举手或者上台动手操作,系统会自动检测答案,让学生体验学习的乐趣。在使用中有以下几点需要注意:

1.希沃白板操作简单,实用易学,但也需要大家经常练习,熟能生巧。

2.课堂活动的设计和选择应符合学科特点。

3.课堂活动并非越多越好，要适量，且与教学设计相吻合。

4.课堂活动的组织应整齐有序，保证达到良好的效果。

拓展提升

请老师尝试设置一个"超级分类"课堂活动，将中国、俄罗斯、英国、德国、朝鲜、巴基斯坦、新加坡、埃及、阿尔及利亚、摩洛哥分类为欧洲国家、亚洲国家、非洲国家。

趣味资源

专题20　用MG动画打造微课作品的个性化导入

问题情景

　　娜娜老师一直觉得自己做的微课导入很普通，导入片段只是一个静态的PPT页面，缺乏趣味性。为了让自己的微课更加生动有趣，娜娜老师请教了大白老师。大白老师向她推荐了一个网站平台。娜娜老师认真学习，借助这个平台的丰富素材做出了多个动画导入片段，让她的微课一下子生动起来了。

解决对策

　　娜娜老师遇到的实际问题可以这样概括，我们采用常用的录屏式制作的微课导入一般都是静态封面，缺乏吸引力。那么，能不能用栩栩如生的动画片段作为微课导入呢？这里推荐一个制作动画式微课的专业平台："来画动画"。只要掌握好了这个平台的功能，相信会让你的微课实现"蜕变"！

◎平台介绍◎

　　平台名称：来画动画。

　　平台功能：该平台是一个短视频制作的专业平台，这个平台可以轻松套用各种模板为自己所用，并且还有各种不同的视频制作场景，支持一键将自己的作品分享到不同社交平台中去。特色的功能有：数字人捏脸、动画视频制作、图片设计、视频快速剪辑、视频录制、AI技术（AI抠图、AI配音、AI字幕）等，可以高效完成动画创作、海报出图等。

相关知识

　　MG动画：英文全称为Motion Graphics，翻译为动态图形或者图形动画，动态图形有点像是介于平面设计与动画片之间的一种产物，可以利用丰富多彩的动画来叙述作者想要表达的内容。简单来说，动态图形可以解释为会动的图形设计，是影像艺术的一种。不管是在工作成果汇报还是科研成果展示，或是学科讲座等涉及科普知识的活动中，MG动画展示都是一个不错的选择。

案例精讲

打开"来画"网站。用微信或QQ注册一个自己的账号。手机端也可以下载来画APP，操作更方便。

◎任务目标◎

做一则简单的动画用作微课的导入，里面包含角色、文字和一些素材，并让这些元素动起来。如图1所示。

图1 动画展示

◎实践过程◎

让我们一起来完成一个MG动画片段的创作吧！

1. 单击"创建项目"→"新建空白项目"→横屏"16∶9"。如图2所示。

图2 新建项目

2. 选择"背景"→"纯色/渐变"→"浅蓝"。如图3所示。

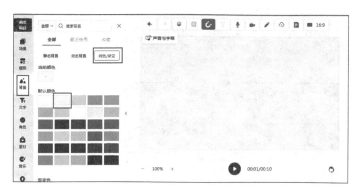

图3 添加背景

3. 添加角色1"女老师"：单击"角色"→"职业人物"→"女老师"→"站立"。系统默认"时间轴"为10s，即播放这一页动画需要10秒。将时间轴上的女老师图标移动到"1s"位置，女老师的角色就会在1秒的时候出现。五角星 ☆ 表示角色动画的时长，动画将在10s位置结束。如图4所示。

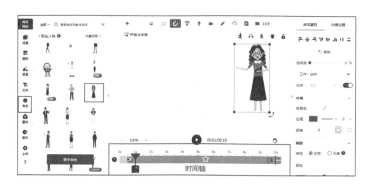

图4 添加角色1

4. 添加"文字"→"添加标题"→输入文字"如何制作MG动画"，字体大小调整为100。界面右侧可以进行文字的动画设置，单击"动画设置"→"添加入场手势"，在时间轴上将文字移到2s位置。如图5所示。

图5 添加文字

5. 添加角色2"白猫"。单击"角色"→"动物角色"→"白猫"→"走路"，将白猫拖放到画布左下角。页面右侧选择"动画设置"→"停留特效"→"路径"。设置"路径样式"为"直线"，"单次运动时长"为4s，即从第4秒时开始移动到第8秒结束，白猫刚好走到女老师身边。如图6所示。

图6　添加角色2

6. 添加自己喜欢的素材。单击"素材"→选择自己喜欢的素材，将各角色和素材在时间轴上调整好。如果制作了多张动画，可以在两张动画之间添加转场动画，单击"添加转场"。如图7所示。

图7　添加转场动画

7. 添加配乐、配音和字幕。单击画布左上角的"声音与字幕"，进入配乐界面。根据自己的喜好添加配乐和配音，也可以添加字幕。如图8所示。

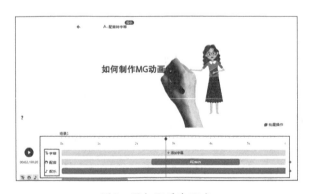

图8　添加配乐和配音

8. 导出动画。制作完成后，单击界面右上角"完成"，可生成MP4或者PPT链接。如图9所示。

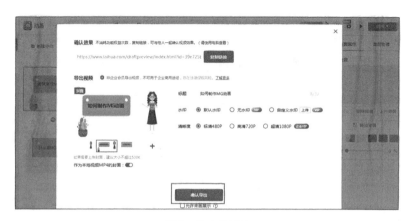

图9　导出为MP4

通过以上环节的制作，一部自制的动画导入作品就完成啦！

要点总结

本专题主要学习了用MG动画制作趣味动画片段的技术，为微课作品的个性化导入提供了全新的思路。概括起来，制作MG动画有以下几个步骤：

第一步，写剧本。脑海里要有制作的思路和想法。

第二步，制作动画。"来画"里面自带很多的动画模板，善于利用它们，可轻松制作出更加个性化的作品。

第三步，调整动画，将每个元素在时间轴上调整合适，让它们动起来。

第四步，转场，每页动画之间插入转场动画，将所有片段穿插连接起来。

第五步，添加声音，给动画加入音效、配音和背景音乐。

第六步，合成并发布作品。

拓展提升

◎**任务**◎

请利用来画平台自带的动画模板，给自己的微课创建一个带动画人物解说画面的动画片段。

专题21 巧用PPT触发器制作交互式课件

问题情景

　　在线上教学中，由于其特殊性，师生无法面对面开展即时互动，所以如何增强在线课堂的互动性成了老师们普遍的难题。娜娜老师准备在课件的设计上积极尝试。通过网上学习，她摸索出了在PPT中制作交互式课件的方法，课堂实践后效果很不错。那么，PPT课件如何才能实现交互性的设计呢？

解决对策

　　娜娜老师遇到的技术问题是如何实现课件的交互功能。其实，交互式课件制作借助常用的PPT软件就可以完成，只要掌握了PPT中的动画和触发器功能，制作交互式课件的相关问题就会迎刃而解。

◎工具软件◎

软件名称：Microsoft PowerPoint 2010及以上版本。

相关知识

一、触发器概念

　　触发器：PowerPoint幻灯片中的一项功能，它可以是一个图片、图形、按钮，甚至可以是一个段落或文本框，可以将触发器理解为开关，按下开关后会触发对应的功能，该功能可以是音视频的播放、暂停或动画的控制。总之，触发器就是通过按钮点击，控制PPT页面中已设定动画的执行。

二、触发器设计要点

　　触发器与幻灯片动画相关联，没有动画就没有触发器。只要在幻灯片中包含动画效果、视频或音频，就可以为其设置触发器产生交互效果。而触发器与鼠标的动作相关，必须直接应用鼠标单击触发器才能播放与其相关的效果。

三、触发器应用场景

　　1.制作交互式动画，点击按钮可以实现PPT中元素的放大、缩小、弹出等一系列动画。

2. 制作交互式习题，学生课堂习题训练时，可以及时给予学生答案反馈。

3. 控制音视频播放，PPT中需要插入一段视频或者音频辅助教学时，教师可以用触发器控制音视频的播放、暂停、停止功能。

案例精讲

◎实践过程◎

让我们一起来制作一道交互式反馈习题吧！

1. 在PowerPoint软件中，制作如图1所示的习题页面，并在页面中准备好"YES"和"NO"两个反馈图片。

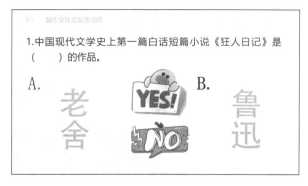

图1　课堂习题练习页面

2. 对"YES"图片添加动画效果为飞入并播放鼓掌音效，方法为选择"YES"图片，打开菜单栏"动画"→"飞入"，单击菜单栏打开"动画窗格"，选择"YES"图片的动画，右键单击动画选择"效果选项"→"增强"→"声音"→"applause.wav（鼓掌声）"，方法如图2所示。

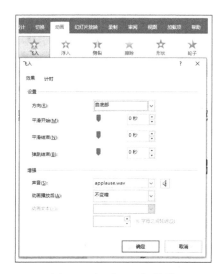

图2　添加"飞入"效果

3. 对"NO"反馈图片添加旋转动画效果，并设置播放结束后隐藏。方法为选中"NO"图片，打开菜单栏"动画"→"旋转"，打开"动画窗格"，选择"NO"图片的动画，右键单击动画选择"效果选项"→"增强"→"动画播放后"→"播放动画后隐藏"，操作如图3所示。

图3　添加"旋转隐藏"效果

4. 在动画窗格中选择"YES"图片这一动画，并单击"计时"选项，选择"触发器"，在弹出的触发器窗口中，选择"单击下列对象时启动动画效果"，并在对应的元素列表中选择鲁迅先生的图片。在动画窗格中选择"NO"图片这一动画，并单击"计时"选项，选择"触发器"，在弹出的触发器窗口中，选择"单击下列对象时启动动画效果"，并在对应的元素列表中选择老舍先生的图片。本例中鲁迅先生图片为正确反馈，老舍先生图片为错误反馈，操作步骤如图4和图5所示。

图4　"YES"图片触发器

图5　"NO"图片触发器

要点总结

播放幻灯片时，就可以实现我们想要的功能：单击老舍先生图片，即弹出错误反馈；单击鲁迅先生图片，即弹出正确反馈并发出鼓掌的音效。本案例的技术应用步骤如下：

第一步，制作内容，根据需要为幻灯片添加文字、图片等内容。

第二步，制作动画，为需要弹出、放大或者隐藏的幻灯片元素添加合理的动画效果。

第三步，添加触发器，按照幻灯片的实际需求，选择幻灯片元素作为触发器按钮，在动画窗格面板中选择"计时"，添加触发器，选择对应的元素。

技术提示：

（1）制作触发器时需要厘清动画间的相互关系，明确点击哪个元素播放哪一个动画效果。

（2）制作时必须是有动画效果的元素才可以为其添加触发器，制作顺序是先添加动画效果，再添加触发器按钮。

拓展提升

◎任务一◎

请将以下所给的选择题，结合本节内容所学，自己动手制作一个具有交互性的习题吧！要求当单击正确答案时（答案A），弹出正确反馈并鼓掌；当单击错误答案时，弹出错误反馈并要求重新做题，不妨赶紧动手试试吧！

习题练习：

名句"先天下之忧而忧，后天下之乐而乐"出自谁的文章？

A. 范仲淹   B. 苏轼   C. 辛弃疾   D. 文天祥

◎任务二◎

请在PPT中插入一段视频，用"触发器"功能来自己定制以下三个按钮："播放"按钮、"暂停"按钮、"停止"按钮。要求当单击"播放"按钮时，视频就开始播放；当单击"暂停"按钮时，视频就暂停播放；当单击"停止"按钮时，视频就停止播放。请参照所给按钮图片，用图片作为触发器来实现交互效果吧！

专题22　使用PPT制作精美的电子音乐相册

问题情景

　　小虹同学想为大家展示一些近期拍摄的黄河之滨晚秋图，她想以电子相册的视频形式进行展示，但电脑里没有安装现成的视频编辑软件。小超同学告诉她，可以在PPT演示文稿中快速制作并生成一个电子音乐相册视频，这样，同学们就可以在一种舒缓的音乐中欣赏这些优美的晚秋图啦！小虹同学到底是如何完成制作的呢？

解决对策

　　运用PPT去制作电子音乐相册既方便又快捷，适合所有师生。针对小虹同学遇到的实际问题，只要熟练掌握了PPT中的相关操作，就可以生成一个电子音乐相册的视频。

◎**工具软件**◎

软件名称：PowerPoint 2013版及以上。

案例精讲

◎**实践过程**◎

　　1. 打开PowerPoint 2016版程序窗口，单击"插入"→"相册"→"新建相册"，具体操作如图1、图2、图3所示。

图1　创建相册

图2　导入图片

图3　创建相册成功

2.根据喜好，美化相册封面，调整每张图片的大小，如图4所示。

图4　美化封面

3. 为每一张幻灯片设置不同的切换效果，比如"飞机""涟漪"等效果，如图5所示，并设置为每隔3秒自动切换，如图6所示。

图5 设置切换效果

图6 设置切换时间

4.插入背景音乐：单击"插入"→"音频"→"PC上的音频"，如图7所示。

图7 插入音频

在打开的对话框中，选择要插入的音乐，然后单击"确定"按钮，这时，会出现一个喇叭图标，建议将喇叭图标移动到演示区域之外，如图8所示。

图8 移动喇叭图标

选择喇叭图标，单击"播放"菜单，出现音频设置工具栏，如图9所示。其中有播放预览、音频剪辑、音频声音以及音频选项等工具。刚插入音频时，我们可选择播放按钮，开始预览，如果声音较长，可以在"音频剪辑"中进行剪辑。

图9　音频设置工具栏

打开音频选项下拉菜单，就会看到"音量控制按钮""是否跨幻灯片播放""是否循环播放""放映时隐藏"等选项。

如果需要自动播放，则勾选"自动播放"；如果需要跨片播放，则在"跨幻灯片播放"选项前的方框内打√；如果幻灯片页数太多，音频时长短，则在"循环播放，直到停止"选项前方框内打√；如果需要放映时隐藏喇叭图标，则在"放映时隐藏"选项前打√。

5. 以视频的格式导出相册。

相册的动画效果和背景音乐都设置完成后，单击"文件→导出→创建视频"，打开如下对话框，如图10所示。

图10　导出为视频文件

单击"创建视频"后，弹出"另存为"对话框，文件类型默认为"MP4"格式，选择保存位置后确定即可，如图11所示。

图11　保存文件

要点总结

用PPT完成电子音乐相册的制作，既简单又高效。在学习初期，一定要多加训练，特别是要熟悉声音的各项设置。电子音乐相册的制作步骤如下：

第一步，创建相册，导入需要的图片。

第二步，设置合适的切换效果。

第三步，插入背景音乐，选择播放菜单，打开音频编辑工具栏进行相应操作。

第四步，导出MP4格式的视频文件。

技术提示：

（1）有的PowerPoint版本没有播放菜单（比如2007版），但是，当选择小喇叭时，屏幕上方会出现许多与音频有关的工具供你选择使用，其他操作是类似的。

（2）如果想控制有背景音乐的幻灯片页数，比如，只需要在前四页用同样的背景音乐，后面使用其他音乐，具体的操作方法是：选择喇叭图标，单击"动画"菜单，打开动画窗格，在音乐文件对象右侧的下拉菜单中，选择"效果选项"，打开"播放音频"对话框，如图12所示。在"开始播放"里选择"从头开始"，在"停止播放"里选择"在第4张幻灯片后"即可。

图12 音频动画效果

拓展提升

◎**任务**◎

学习完本节内容，你肯定想亲手制作一个精美的音乐相册吧！

校园生活总是那么美好，那么值得怀念，请你整理出多张校园生活的照片，赶快制作一个名为"美好的回忆"的班级音乐相册吧！记得一定要配上你喜欢的音乐哦！然后择机在班会课上做展示。

专题23　巧用PPT中的触发器打造交互式"红包"

问题情景

　　娜娜老师发现近期班级的气氛有些沉闷，深思熟虑后，她决定开这样一节班会课：既充满仪式感，又新颖有趣，同时还能增加班级凝聚力，拉近师生之间的距离。大白老师建议她和孩子们在班会课玩一个抢"红包"游戏，可有意思啦！原来，游戏的设计无须什么特别的技术，只需要在常用的PPT里就可以巧妙实现。娜娜老师到底如何在PPT中设计出有趣的"红包"游戏呢？

解决对策

　　娜娜老师预想的互动模式是这样的：在PPT页面上设计多个"红包"图案并添加相应的触发程序，可以请多名学生来教室的多媒体电脑上抢拆"红包"，拆开后就会显示老师事先准备好的"大奖"名称。要在PPT实现这样的"红包"效果，其实只要灵活掌握演示文稿中"自定义动画+触发器"的组合功能操作，便可以轻松实现。接下来，就让我们一起打造出仪式感满满、互动性强的课堂"红包"吧！

◎工具软件◎

软件名称：Microsoft PowerPoint或WPS演示文稿（本操作以Microsoft PowerPoint为例）。

相关知识

　　交互式课件：一种具有互动性质的多媒体课件，最大的特点是具有师生互动、生生互动的双向互动性。交互式课件除了突出教师的引导作用，更要激发学生学习的能动性，要做到能根据学情、学生的思维状况等来呈现学习内容。交互式课件有着结构灵活、内容灵活的特点，往往课件操作性较强，通过声音视频的交互、游戏的交互等呈现个性化的特点。交互式课件正在优化传统教学模式，逐渐形成了在现代信息技术环境下的新型教学模式。

📖 **案例精讲**

◎素材准备◎

精选一个喜庆的卡通形象照；精选金币图案；精选抢红包时需要的音效音频。

◎实践过程◎

一、制作红包

1. 首先利用圆角矩形绘制红包封底，单击选项卡"插入"→"形状"，选择圆角矩形，如图1所示，然后在页面中直接绘制即可。

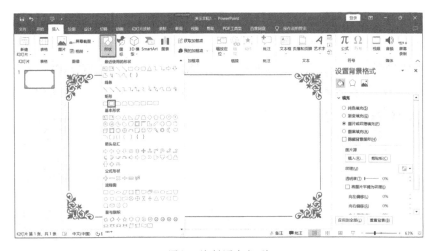

图1　绘制圆角矩形

2. 绘制图形之后，可在右边编辑栏将图形的颜色设置为红色，线条为无填充，如图2所示，设置完成后将图形移动到合适的位置。

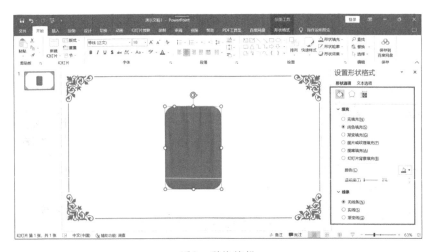

图2　形状编辑

3. 将准备好的素材组合在一起，如图3所示，红包封面就制作好了。

图3　红包封面

二、为红包添加动画效果

在设置动画之前，先来分析一下抢红包的动画原理。单击"金币开"按钮后，"金币开"和红包封面消失，然后出现红包内容，这样一次完整的抢红包动画就完成了。

1. 在最底部放入红包封面图，给"金币开"添加旋转消失动画，单击选项卡"动画"，选择"添加动画"→"更多退出效果"→"旋转"；给红包封面添加消失动画，选择"添加动画"→"更多退出效果"→"消失"。

2. 给红包内容页添加"出现"动画。单击选项卡"动画"，选择添加动画→进入→出现。将红包的内容面放到红包封面上，为了防止学生提前看到抽奖内容，右击红包内容面，在弹出的快捷菜单中选择"置于底层"→"下移一层"，这样就可以将红包的内容面隐藏于红包封面之下。

3. 所有的动画都设置好后，单击预览，发现并不是我们要的效果。这里还需要调整动画的效果和播放顺序。根据之前分析的抢红包动画，我们需要让红包封面在"金币开"之后消失，在动画窗格选择红包封面，选择"从上一项之后开始"。同时，红包内容面与红包封面的动画是同时进行的，在动画窗格选择红包内容页，"从上一项开始"。

4. 为了更加逼真，我们可以加入抢红包的音效，选择选项卡"插入"→"音频"→"PC上的音频"，选择抢红包的音效。同时还需要在动画窗格设置"从上一项开始"。

三、为红包添加触发器

为了得到多个红包，无论单击哪个都能翻开的特效，需要设置触发器。在动画窗格选中全部动画效果，单击选项卡"动画"→"触发"，选择"金币开"的动画组合。想要达到的效果是只有单击"金币开"，才可以触发动画。

四、设置幻灯片切换效果

在设置好触发器后，我们进行幻灯片放映，会发现鼠标在页面随意处点击就会结束幻灯片放映。这里需要设置幻灯片换片方式，单击"切换"选项卡，在换片方式下，取消"单击鼠标时"。这样，只有单击"金币开"按钮，才可以触发动画。

如果需要制作多个"红包"，只需将已制作好的"红包"复制、粘贴就可以。这样的红包动画您学会了吗？快来和娜娜老师一起做学生眼中"别人班的老师"吧！

要点总结

本专题主要学习了用PPT中的动画、触发器协同完成一个交互式"红包"的技术，为打造更加有趣的教学课件提供了别样的思路。本专题的技术应用步骤总结如下：

第一步，红包的绘制。

第二步，添加动画效果。

第三步，添加设置触发器。

第四步，设置换片方式。

技术提示：为了能清晰地看到动画状态，可以打开动画窗格，预览动画状态。

拓展提升

◎任务◎

尝试利用PPT中的触发器做一个拆盲盒答题PPT，让学生体验一边拆盲盒一边答题的乐趣。这样在进行课堂互动的同时又兼顾知识的掌握性，生动有趣，给学生带来不同的体验。

素材准备：盲盒图片、答题页面。

方案思路：触发器设置，单击盲盒图片，动画设置为透明，同时超链接到答题页面。答题页面设置返回按钮返回盲盒页进行第二轮答题，这时被单击的盲盒颜色已经变透明，防止学生选择同样的题目。如图4至图6所示。

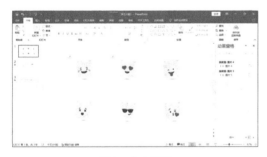

图4 盲盒图片

图5 答题页面

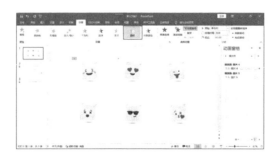

图6 盲盒透明设置

趣味设计

专题24 用"剪映"APP实现实验视频的趣味剪辑

问题情景

"博雅班"的科学老师给同学们布置了一项家庭作业:"利用排水探究不规则物品的体积"实验探究。老师要求同学们先设计实验单,再录制实验探究的全过程,剪辑合成实验视频后再上交作业。小超同学对实验非常感兴趣,他赶紧请教班主任大白老师关于视频的剪辑技术,大白老师建议小超同学借助手机剪映APP实现"录剪一体",并且"轻而易剪"。大白老师还建议他:"还可以把实验记录单以画中画的形式插入视频,让每个步骤的实验数据即时、清晰呈现!"哇!用手机拍摄,用手机剪辑,一站式就能合成微视频了!

解决对策

小超同学希望通过简单、便捷的办法完成家庭探究实验视频的录制与剪辑。目前,视频剪辑的软件有很多,但小超同学想仅用手机轻松"录""剪",一站式完成视频的制作。其实,只要掌握了"剪映"这款手机版APP的技术,仅用一部手机就能轻松录、轻易剪,实现一个微视频作品的"蜕变"!

◎软件介绍◎

软件名称:剪映手机版APP。

软件介绍:剪映是一款易于上手且功能十分强大的视频剪辑类软件。目前,软件有计算机版本和手机版本供用户下载。剪映有着手绘贴纸、海量曲库、专业风格滤镜等相当丰富的资源库,更有先进的人工智能技术,可实现智能字幕添加、智能抠像等功能。目前,手机版的软件成为众多短视频爱好者的必备APP。

相关知识

影片剪辑:将所拍摄的大量媒体素材,经过选择、取舍、分解和组接最终完成一个连贯流畅、含义明确、主题鲜明并有艺术感染力的作品。要做好影片剪辑，就一定要注重培养良好的剪辑思维。概括起来，剪辑思维主要包括文案思维、导演思维、受众思维，还要讲求镜头感和音乐感。其中，文案思维非常注重文案脚本的创作；导演思维非常注重场景和镜头语言的表达；受众思维非常注重观众的需求；镜头感非常注重镜头的吸引力；音乐感非常注重视频的节奏和情感表达，让视听更舒服。

案例精讲

◎素材准备◎

1. 小超同学设计了"利用排水法探究不规则物品体积"的实验步骤，提前准备了塑料水槽、西红柿、直尺等实验物品。

2. 小超同学在Word文档中设计好实验记录单并彩印，如图1所示。

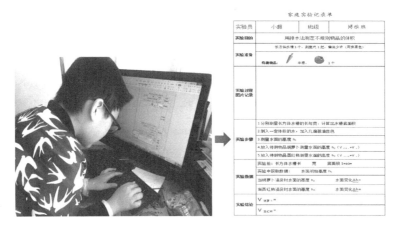

图1　实验记录单设计

3. 小超同学将手机用三脚支架架好，启动"相机"，单击"视频"开始拍摄，如图2所示。横屏拍摄下了"利用排水法探究不规则物品体积"实验探究全过程。如图3所示。实验时，他在实验记录单上认真记录下实验数据，如图4所示。最后，他将填好数据的实验单拍好照，计划以"画中画"形式插入实验视频中。

图2　开启相机准备录像

图3　手机录制中

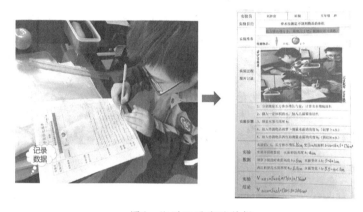

图4　即时记录实验数据

4. 小超同学利用PPT设计了"博雅班"家庭实验视频的片头和片尾，截屏后以图片形式保存，计划在视频制作时使用。如图5所示。

图5　家庭实验小视频的片头和片尾

◎**软件安装**◎

进入"剪映"的官网，可根据手机的系统类型扫码直接下载移动版的APP，或者在手机"应用商店"中搜索下载皆可。

◎**实践过程**◎

小超同学熟悉了剪映软件的主要功能后，将所有视频制作所需素材准备就绪，开始了他的实验探究视频制作，让我们一起跟他学一学吧！

1. 打开"剪映"，进入剪辑界面，关闭"自动添加片尾"，单击"开始创作"。如图6所示。

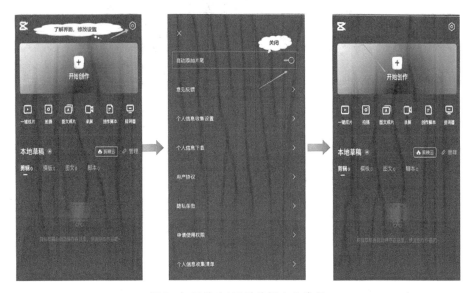

图6　打开剪映APP并关闭广告片尾

2. 添加素材。首先选中手机相册里的片头图片，再依照实验流程选中几段拍摄的实验视频，最后选中片尾图片，单击"添加到项目"，被添加的素材顺次出现在时间轨道上。如图7所示。

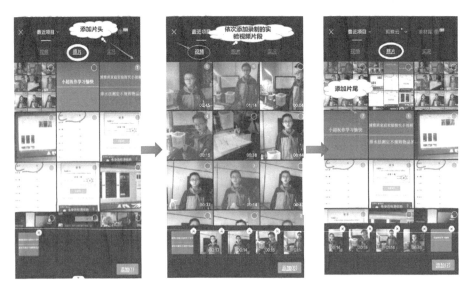

图7　微视频素材添加操作

3. 裁剪掉视频中质量不好的片段。单击"剪辑"，拖动视频轨道上的播放指针到预备剪裁的开始时间点，单击"分割"，再拖到预备裁掉的结束时间点，单击"分割"。最后选中本段被分割的视频，单击"删除"。如图8所示。

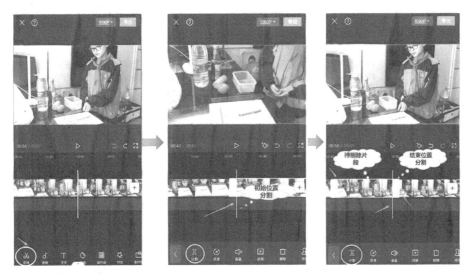

图8 剪辑视频主要操作

4. 添加转场效果。视频裁剪完，小超发现两段视频之间的过渡不完美，甚至有些生硬，随即设计个性化的转场效果。单击播放指针上"小白块"，选择"运镜"或"幻灯片"中的适宜效果，让其完美衔接在一起。如图9所示。

图9 转场动画的设置——"运镜"及"幻灯片"

5. 插入实验单，更改大小及出现时长。将"播放指针"拖动插入实验单的时间点，单击"画中画"，选择手机相册中的"照片"，单击"添加"。插入实验单后，手指缩放可扩大或缩小编辑界面上的实验单。伸缩实验单时间轨道上的长度可更改出现时长。如图10所示。设置画中画"入场动画"与"出场动画"，为画中画图片的出现和退出添加生动有趣的动画。如图11所示。

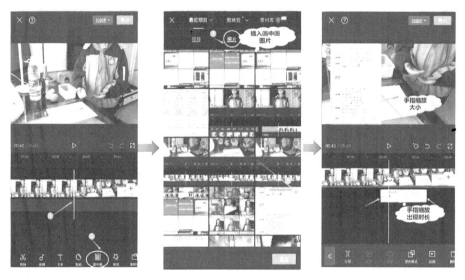

图10 "画中画"插入设置

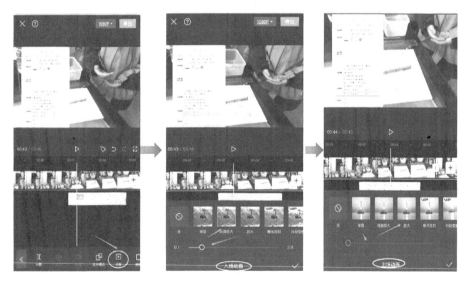

图11 "画中画"动画设置

6. 添加音乐。小超觉得自己拍摄的实验视频过于单调无聊，他通过"添加音频"将适宜的音乐添加在音频轨道，让自己的视频更有感染力。如图12所示。添加完后，可对音频分割，删减，调节音量，预览效果。如图13所示。

图12 给实验视频添加音乐

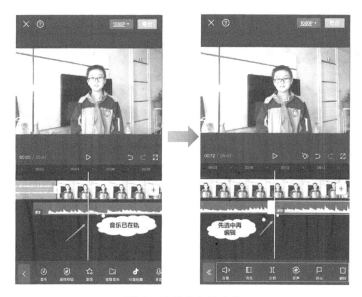

图13 编辑添加的音乐

技术提示：还可关掉视频的原声，再插入新的音频，也可保留原声，再添加背景音乐，但需要将音量调节成合适比例。软件为我们提供了多种视频来源。

7. 添加文字与贴纸。白老师建议给视频添加字幕，让视频看起来更专业一些。添加字幕时选择"字体"和"样式"，适当调整字幕速度、字体大小、加入动画等！还可直接提取音频中的字幕，这样更加省事！如图14所示。适机添加几张贴纸能提升视频内容的趣味性喔！如图15所示。

图14　识别语音及插入字幕

图15　添加"贴纸"

8. 添加特效。小超想到同学们喜欢活泼生动的特效，他单击"画面特效"和"人物特效"选择了适宜的特效，视频顿时有趣了不少！如图16所示。

图16　添加"特效"

9. 小超浏览视频，并调整和修改。检查无误后，决定导出视频。单击面板右上角的"导出"按钮，选择"1080p 60帧"，单击"导出视频"，注意，须保持屏幕点亮直至完成导出。视频被保存到相册。如图17所示。

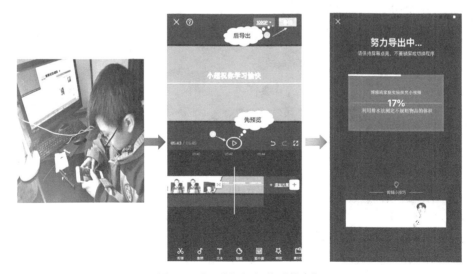

图17　"预览"视频并"导出"

要点总结

通过本案例的演示，我们对"剪映"APP的强大功能有了深入了解。从学习技术到制作作品，反复动手实践非常重要。有以下几点制作经验可供参考：

第一，创作者围绕明确的主题，体现剪辑思维，切勿将各种素材随机拼凑。

第二，选择适宜的音乐并对音乐卡点编辑，起到"画龙点睛"的作用。

第三，要格外注意字幕和视频画面的衔接，使字幕与画面、配音相得益彰。

第四，添加特效要适度，并非越多越好，诸如红色主题演讲、入团、入队感言等短视频作品必须保持主题的严肃性，不宜加入过多的特效。

第五，建议在导出视频前将自动添加片尾的功能关闭（避免导出的视频有软件植入的广告片尾）。

拓展提升

◎**任务一**◎

请录制一个"团员讲红色故事"的视频，以"探寻红色足迹，传承红色基因"为主题。

1. 手机横屏录制，周围环境安静无杂音，团员需佩戴团徽。

2. 合成并编辑。

3. 选择红色旋律添加为背景音乐，根据设计需要改变音乐的音量，增加淡入、淡出效果。

4. 将团员学团史优秀心得体会以画中画形式相机插入视频。

5. 片头需要出现学校的全貌图片和团徽。最后，请导出作品，以班级+姓名命名参加学校团支部展播。

◎**任务二**◎

请录制一个作品，以"我的厨房日记"为主题，化身厨房"新晋小厨师"，推介一道拿手菜品。

1. 将烹饪过程用手机录制。

2. 利用手机剪辑，并以生动、诱人的画风创意编辑你的美食制作过程。

3. 选择美食制作类背景音乐，生动的音乐、舒服的音量能引起观众的食欲。

4. 贴纸、字幕、特效的合理使用为美食制作内容增色。

最后，请导出作品，命名，参加班级劳动技术课的展播。

专题25 "Mind+"图形化编程实现 "地道密战"游戏

问题情景

历史老师利用自习课时间，组织全班同学一起观看了经典的抗日战争影视作品《地道战》，大家都被精彩的剧情深深感染。抗日军民共同挖掘的地道，由最初一家一户的地洞，逐步发展到户户相连、村村相通的复杂地道网，堪称坚固隐蔽的"地下长城"。我们今天的美好生活多么来之不易啊！大白老师在得知历史老师的反馈后，他灵机一动，正好可以在开展Mind+创意编程的相关课程中，让学生亲自体验编程版的"地道密战"。大白老师到底会如何设计相关课程呢？

解决对策

大白老师的这节编程课以《地道战》为设计背景，意在用Mind+创意编程实现一个类似地道战的趣味游戏，让学生在新情景下既能够掌握编程技术，又渗透了爱国主义教育。可以说，这是一节很有意思的编程实践课，只要将Mind+中的运动模块、控制模块、侦测模块巧妙地运用，就可以实现功能设想了！

◎工具软件◎

软件名称：Mind+图形化编程（Mindplus）。

功能介绍：该软件诞生于2013年，是一款拥有自主知识产权的国产青少年编程软件。Mind+主要具备以下特点：适合从图形化入门到Python编程的各阶段学习，支持Arduino、micro: bit、掌控板等各种开源硬件，兼容Scratch 3.0，支持AI（人工智能）与IOT（物联网）功能，只需要拖动图形化程序块即可完成编程，还可以使用Python、C/C++等高级编程语言，让大家轻松体验创造的乐趣。

相关知识

图形化编程：通过电脑鼠标来拖动类似积木的控制模块而实现程序构建的一项十分有趣

的编程方式。图形化编程的学习旨在通过课程训练，培养和提升学生的创新思维、计算思维和编程思维，帮助学生更好更正确地掌握算法的逻辑，从而培养更严谨的思维模式。图形化编程可以增加编程的趣味性，激发学生的想象力，真正可以做到学而思、思而做、做而优的能力提升，让孩子在学习知识的同时，更多地拓宽自己的思维。

案例精讲

◎软件安装◎

Mind+不支持Windows XP，请升级系统到Windows 7及以上，如果下载的安装包不完整，请使用浏览器自带下载功能进行下载。

1. 双击安装包之后选择"安装路径"，直接单击"下一步"完成安装。

2. 安装完成单击"运行"，如果进入到主界面后显示需要更新，可再次进行更新安装。

3. 菜单栏中选择"连接设备"，单击"一键安装串口驱动"，全部进行安装即可，如图1所示。

图1　Mind+设备串口安装

◎素材准备◎

人物角色图片、背景密道图片、地道战MP3音乐、Mind+软件。

◎实践过程◎

1. 从"角色"及"舞台"中上传角色及背景素材，如图2所示。

图2　上传角色及背景

2. 将下载好的地道战音乐导入到"声音"中，如图3所示。

图3　导入音乐

3. 用⬇⬆⬅➡方向键控制人物角色行走方向，并且碰到墙面之后无法通过，如图4所示。

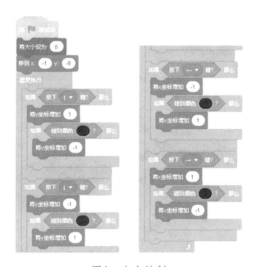

图4　方向控制

4. 为了让效果更加生动，在背景中编辑程序，当绿旗被单击时播放音乐程序，如图5所示。

图5　播放背景音乐

要点总结

本专题主要使用Mind+实现了一个"地道密战"的趣味模拟游戏，体验了图形化编程的无限乐趣。概括起来，实现该任务的步骤为：

第一步，将设计好的背景、角色上传到程序中，并将音乐导入到背景中进行播放。

第二步，掌握运动模块、侦测模块、控制模块的嵌套使用。

技术提示：侦测模块中"碰到黑色"积木块使用吸色管吸取地图边框颜色会更加准确，设置颜色数值会导致最终墙体阻挡效果失败。

拓展提升

◎**任务**◎

试着在密室里面设置一些障碍，如果人物碰到障碍物就会回到出发点，提高逃出难度，增加体验感，编辑程序流程图如图6所示，赶快动手试一试吧。

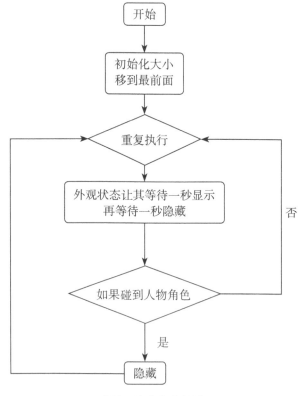

图6　障碍物流程图

模块三
Office妙招

　　在师生信息素养提升的课程中，Office软件的学习必不可少。然而，能否把Word、Excel、PPT这三款软件学好、学精，甚至达到融会贯通的水平，很多师生还要勤加学习与实践。本模块精选了Office办公软件中的多个实用妙招，结合新的问题情景，详细介绍了相关技术，助力师生Office的应用能力更上新台阶！

Word 妙招

专题26　WPS文档中给数字上下加点的技巧

问题情景

　　寒假来临，"博雅班"的音乐课教师给全班同学布置了一项美育作业，她要求大家融入传统节日，尽情体验家乡的节日气氛，然后用简谱创编一段旋律来表达自己的情感。创编一段欢乐的节日旋律对于酷爱唱歌的小虹同学来说并不是难事，但是在WPS文档编辑中制作简谱时，如何给数字的上方和下方加点来表示音区的高低音，这却让她犯了难。最后，她会如何解决这个问题呢？

解决对策

　　小虹同学虽然经常使用WPS文档撰写文章、制作手抄报、绘制课程表等，但是给数字加点她还是第一次遇到。在WPS文档中想要给数字上面加点，解决的办法就是使用"导数符号"命令；要给数字下面加点，可以使用文档中"字体"选项卡里的"着重号"功能。同学们只需要熟练掌握几个操作，就可以在给数字上下加点这方面实现"技术自由"啦!

相关知识

　　"导数符号"按钮：它在数学试题的编制中经常使用。在WPS文档自带的公式工具/设计功能区里，单击结构分组中的导数符号按钮，在打开的导数符号结构列表中会显示导数符号、带框公式、顶线和底线等多种类型的导数符号。根据需要选择合适的导数符号形式。而在简谱制作中，我们可以选择其结构列表中第一项上加一点符号形式给数字上方加点。

　　"着重号"按钮：是"字体"选项卡中一项常见设置，在语文试题的编制中也会经常用到。在简谱制作中，我们选择"着重号"选项给数字下方加点。

📖 **案例精讲**

◎实践过程◎

小虹同学首先哼出一段欢度春节的喜悦旋律来，接着她打开WPS，用简谱写下这段简单上口的旋律。接下来，她将给部分数字上下方加点，好让简谱的音区拥有高低音，使旋律变化丰富，更加动听。

1.打开文档，单击"插入"菜单，在功能区内展开"公式"子菜单列表。如图1所示。

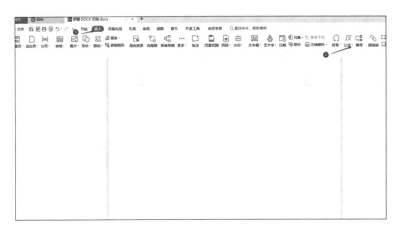

图1 "插入"选项卡中展开"公式"列表

2.在"公式"菜单列表的下方，单击"插入新公式"命令。如图2所示。

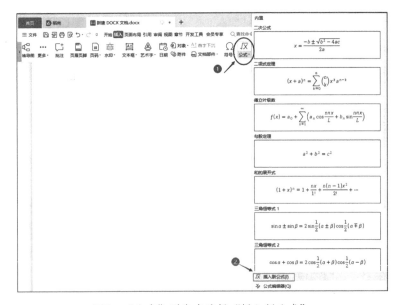

图2 "公式"列表中选择"插入新公式"

3. 在切换的"公式工具"面板上找到"导数符号"，在结构列表中选择第一个导数样式。如图3所示。

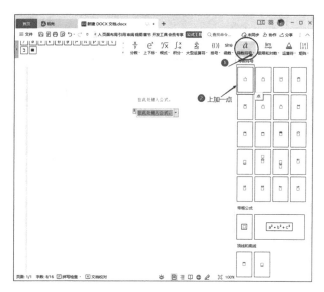

图3　选择导数符号中的"点"结构

4. 在文档编辑区，出现公式编辑器，此时就可以在编辑栏虚线小框内填写数字了。如图4所示。

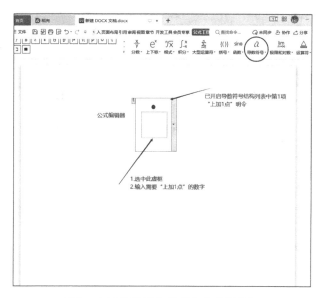

图4　文档编辑区出现"公式编辑器"

单击选中虚框，输入数字"9"，再单击文档空白处公式编辑器退出，数字9上已加点。如图5所示。

图5　在灰框内输入需要上加点的数字

5. 完成数字下加一点的操作。选择数字，单击右键，打开"字体"选项卡，如图6所示，然后选择"着重号"命令，如图7所示。

图6　在快捷菜单中打开"字体"命令

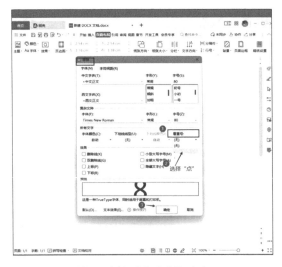

图7　选择"着重号"命令

6. 在"着重号"栏中单击"•"选项，单击"确定"，这样就实现了数字下加一点的操作。如图8所示。

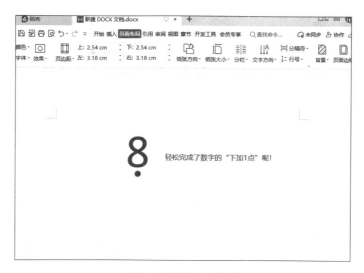

图8　数字下加点完成

要点总结

"导数符号"包含在公式工具面板中，使用的时候需要先在文档编辑界面中插入"公式编辑器"，输入数字时需要选中公式编辑器中的小方框，输入目标数字才有效。

拓展提升

◎任务◎

请同学们改编一段你熟悉的旋律。要求在WPS文档中通过给这段简谱中的数字上下加点来增添高低音，使旋律变化更丰富、更动听。

专题27 快速提取Word文档中的所有图片

问题情景

小超同学接到了娜娜老师的一个紧急求助：如何把以前制作好的Word文档里面的图片全部提取，并且单独保存下来？文档图片实在太多，估计有上百张。这么多的图片，一张张保存那要耗费多少时间啊！小超同学接到任务后，通过网上检索来寻求对策，很快找到了一个妙招。原来，只需要简单的几步操作，就可以将Word文档中的所有图片一次性批量保存。小超同学是如何操作的呢？让我们一起来学习吧！

解决对策

小超同学遇到的实际问题可以这样概括，我们经常需要保存Word文档中插入的图片，如果图片太多，一张张保存会很麻烦。那么，有没有一种批量导出的更高效的方法呢？其实，只要将文件格式进行简单转换，问题就可以解决了。

◎工具软件◎

软件名称：WinRAR解压缩软件。

功能介绍：该软件是一款强大的压缩文件管理工具，它能解压缩RAR、ZIP和其他格式的压缩文件，并能创建RAR和ZIP格式的压缩文件，可用于备份数据、缩减文件大小等，是电脑装机必备软件之一。

相关知识

文件扩展名也称文件后缀名，表示文件的类型。扩展名跟在主文件名后面，用"."分隔。例如"你好.txt"的文件名中，"你好"是主文件名，".txt"为扩展名，表示这个文件是一个纯文本文件。压缩文件的扩展名一般有两个，分别是".rar"和".zip"。

案例精讲

◎素材准备◎

一份带有多张图片的Word文档。

◎实践过程◎

1. 首先需要对文档扩展名进行修改，选中"娜娜的文档.docx"这个文件，单击右键进行重命名，将扩展名更改为"rar"。如图1所示。

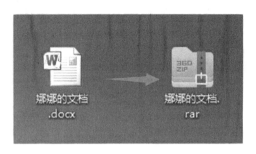

图1　更改文件的扩展名

2. 将"娜娜的文档.rar"文件进行解压。单击鼠标右键，执行"解压到当前文件夹"，我们需要的是"Word"这个文件夹。如图2所示。

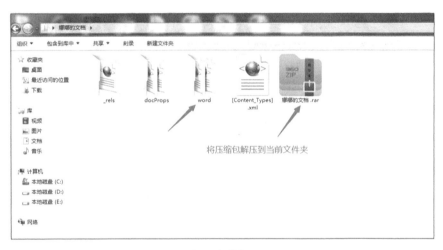

图2　文件解压

3. 双击"Word"文件夹，打开子文件夹下的"Media"，在此文件夹中就能看到文档里面存放的所有图片了。

要点总结

小技巧往往能解决大问题，本节内容就充分说明了这一点。概括起来，要实现从Word文档中批量提取图片，只需要以下几步：

修改扩展名".doc/.docx"为".rar"→将修改后的压缩包文件进行解压→打开解压缩后生成的文件夹"word"，找到"media"并打开→查看所有已经保存的图片。

提示： 如果文件不显示后缀名，则需在文件夹选项中将选项"隐藏已知文件类型的扩展名"前面的对钩去掉，后缀名就会显示出来。如图3所示。

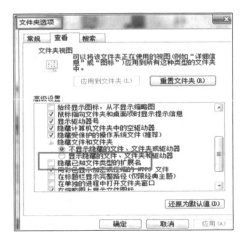

图3 显示扩展名

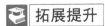 拓展提升

◎任务◎

请找到一份带有多张图片的Word文档，尝试用本文介绍的方法将文档里的图片一键提取出来，然后再用导出的图片加工一个图文混排的演示文稿作品。

专题28　Word文档中输入特殊符号方框√和方框×的小技巧

问题情景

小超同学被学校推荐评选为区优秀学生干部，娜娜老师让他填写电子版"推荐表"，小超同学非常开心！然而，他遇到一个问题，有两个选项要求在方框内打√或者画×，小超尝试了好几遍发现，直接输入√或×符号很容易，但√或×必须显示在方框内，就让他犯难了！作为同学眼里的技术"小超人"，他最后会如何解决这个问题呢？

解决对策

我们日常用Word办公的时候，经常会碰到输入一些特殊符号的问题。小超同学就遇到了一个"棘手"的问题：在Word文档中输入R和T这两个符号。其实，只要通过Wingdings 2字体的设置就可以轻松实现了！

◎工具软件◎

Word（2007版本及以上）、Wingdings 2字体。

相关知识

Wingdings 2字体是TrueType符号字体，它内置在微软的Office办公软件中，该字体包含了16种索引、字母与数字从0到10的序号、多种记号和问叹号、多个几何形状和星形图案等。

案例精讲

◎实践过程◎

1. 打开"推荐表"文档，在原表的"□"处，将"□"替换为大写字母R，然后选中字母R，让其一直处于涂选状态，设置其字体为Wingdings 2，你会发现，原来的R就会自动变成

R了！如图1所示。

兰州市**区优秀学生推荐表			
姓　名	张小虹	性　别	女
身份证号	622**************9	民　族	汉
在读学校	兰州市**中学		
单位地址	兰州市**区**路 178 号		
手机号码	13919****97	电子邮箱	7435*'
推荐类型	□　优秀三好学生	R 优秀学生干部	

图1　输入"R"

那么，如何快速地输入T呢？

2. 我们可以使用类似的操作方法，用大写字母T替换原"□"符号，设置其字体为Wingdings 2，马上就可以显示成T了，如图2所示。

图2　输入"T"

小超同学按时提交了推荐表，也学习到了新的计算机操作技能，他非常开心！他也深深地体会到，不失时机地在实践过程中学习新的技能和方法很重要。

要点总结

Wingdings 2是一款用于符号、标志设计方面的字体，该字体由多种不同的符号、数字等特殊字符组成，常用于Word排版中插入一些特殊的字符，是工作中最常用的字体，可应用于包装印刷、广告设计、正文标题等应用。本专题的技术应用步骤总结为：

第一步，在需要插入符号R或□的位置处，输入字母R或T。

第二步，让输入的R或T保持涂选状态。

第三步，设置字体格式为Wingdings 2。

技术提示：

（1）Word文档中，要想用以上方法快速输入R和□，必须先保证有Wingdings 2字体，若没有，请先下载安装。

（2）输入的字母R或T必须为大写字母，也可以先设置字体，再输入字母。

拓展提升

Word文档中，请先把字体设置成Wingdings 2，然后依次输入各大写字母、小写字母、数字、特殊符号等，看看都会显示哪些"神秘"的图案吧！

专题29　Word文档中快速对齐试卷选项有妙招

问题情景

　　眼看快要期中考试了，娜娜老师在制作试卷时遇到了选择题选项对齐的问题，一个一个按空格键进行对齐，显然很麻烦，于是娜娜老师打电话请教大白老师。大白老师给娜娜老师做了悉心指导，最后她快速简便地完成了制作试卷任务。大白老师到底教会了娜娜老师哪些实用技术呢？

解决对策

　　娜娜老师遇到的技术问题就是在Word中如何统一将试卷的选项对齐，这个问题也是教师办公过程中经常遇到的小难题。其实，只要掌握了Word软件中的"通配符"的应用，与选项对齐相关的问题就会迎刃而解。

◎工具软件◎

软件名称：Microsoft Office Word。

◎主要功能◎

通配符、添加制表位。

相关知识

　　通配符是一种特殊语句，主要有星号（＊）和问号（？），用来模糊搜索文件。当查找文件夹时，可以使用它来代替一个或多个真正字符，常常使用通配符代替一个或多个真正的字符。例如，输入"?国"就可以找到诸如"中国""美国""德国"等字符；输入"???国"可以找到"孟加拉国"字符。制表位是指在水平标尺上的位置。制表位是指在水平标尺上的位置。

◎ **素材准备** ◎

一页未经排版的习题，如图1所示。

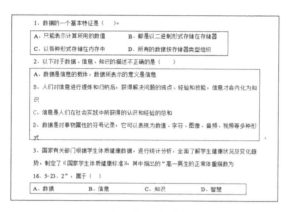

图1　排版前习题

◎ **技术步骤** ◎

1. 按快捷组合键"Ctrl+H"，打开"查找和替换"对话框，在"查找内容"输入框中输入"^p（［BCD］）"，将光标定位到"替换为"输入框中，输入"1^"，单击对话框左下角的"更多"按钮，展开下级菜单，选中"使用通配符"，单击"全部替换"按钮，如图2所示。

图2　"查找和替换"对话框

2. 按快捷组合键"Ctrl+H"，打开"查找和替换"对话框，在"查找内容"输入框中输入"^t"，单击对话框左下角的"更多"按钮，展开下级菜单，选中"使用通配符"，单击"全部替换"按钮。

3. 使用Word打开习题，按快捷组合键"Ctrl+H"，打开"查找和替换"对话框，在"查找内容"输入框中敲入一个空格键，单击"全部替换"按钮，如图3所示。

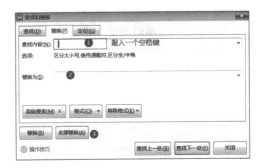

图3 替换文中所有空格

以上三个步骤的目的是让每道题的所有选项合并为一段，如图4所示。

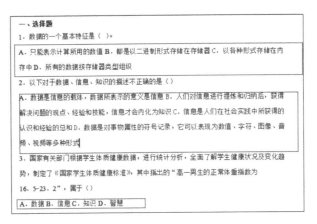

图4 调整后视图

4. 再次按快捷组合键"Ctrl+H"，打开"查找和替换"对话框，在"查找内容"输入框中输入"［BCD］"，将光标定位到"替换为"输入框中，输入字符"^t"，单击对话框左下角的"更多"按钮，展开下级菜单，选中"使用通配符"，单击"全部替换"按钮，目的是将选项B、C、D前面加一个制表符，如图5所示。

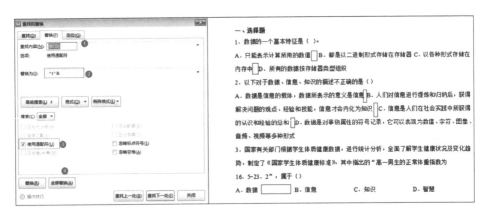

图5 添加制表位

5. 按快捷组合键"Ctrl+A"，选中全部内容，单击鼠标"右键"，打开快捷菜单，单击"段落"菜单，打开"段落"对话框，单击对话框左下角的"制表位"按钮，如图6所示。

图6　"段落"对话框

6. 在"制表位"对话框中，光标定位到"制表位位置"输入框，分别输入"10、20、30"（每输入一个数字，都需单击下方"设置"按钮），单击"确定"按钮，如图7所示。

图7　排版后习题

7.检查试卷，有的选项内容过长导致格式不对，所以需要手动将内容过长的选项修改为两行或四行，如图8所示。

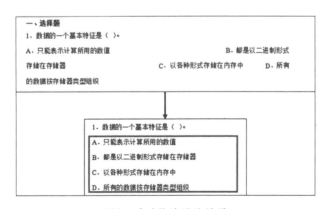

图8　手动修改后的效果

要点总结

本专题主要学习了在Word中通配符、制表位等功能的应用，为试卷选项的快速对齐提供了很好的技术思路。本专题的技术应用步骤，可总结如下：

第一步，利用"查找和替换"功能，替换全文的空格。

第二步，输入通配符，增加制表符。

第三步，选中全文，单击"段落"对话框中的"制表位"按钮。

第四步，输入制表位位置，进行全文选择题选项排版。

技术提示：［ABCD］中括号里是需要查找替换的内容，表示要查找这些符号（勾选【使用通配符】之后才生效）。^t是制表符，^&是原查找内容。含义是将查找内容中第一个括号内的内容后面增加一个制表符。

拓展提升

◎任务◎

选择一份完整的未经排版的试卷，包括单选题、多选题、判断题等多种题型，应用通配符的技术，将各种题型需要对齐的选项进行综合排版。

专题30 快速将Word长文本转化为PPT演示文稿

娜娜老师接到学校通知，下午学校要召开主题为"家校共育体系构建"的全校教职工大会。负责这项工作的娜娜老师将在会上做一个简洁生动、清晰明了的主题报告。娜娜老师打算借助演示文稿向各位老师呈现学校的家校共育体系构建内容。但时间紧迫，要将内容丰富的Word演讲稿短时间内"变"成PPT，这可让娜娜老师犯了难！

解决对策

娜娜老师遇到的问题是如何将Word演讲稿转化成PPT演示文稿。其实，只要利用好Word软件里的"视图模式"中的"大纲模式"，就可以解决该问题。

◎软件介绍◎

软件名称：WPS Office

功能介绍：WPS是金山办公软件出品的Office软件，可以实现办公软件常用的文字、表格、演示等多种功能，小巧易用且永久免费。

案例精讲

◎素材准备◎

Word版本的长文本演讲稿。

◎实践过程◎

1. 打开演讲稿的Word文档，切换"大纲视图"模式，如图1所示。

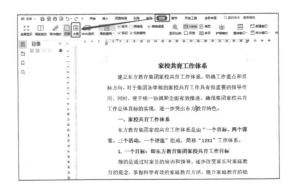

图1　打开大纲视图

2. 进入大纲视图模式，调整标题等级，所有一级标题设置"一级"，二级标题设置"二级"，三级标题设置"三级"，如图2所示。

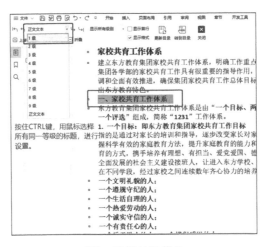

图2　设置标题等级

3. 按照步骤2中的方法，设置所有的标题等级，如图3所示。

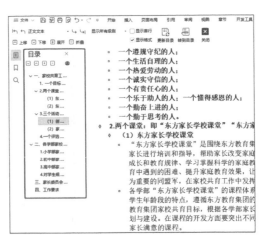

图3　设置所有标题等级

4. 标题等级设置好之后，关闭"大纲"模式，进入"页面视图"，单击"文件"→"输出为PPTX（X）"，如图4所示。

图4　输出为PPTX

5. 单击"输出为PPTX"之后，页面跳转到"导出PPT"的窗口，如图5所示。

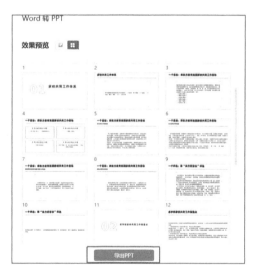

图5　导出PPT

6. 导出PPT之后，按照自己的习惯保存PPT，如图6所示。

图6　保存PPT

7. 保存完PPT之后系统会自动打开转存好的PPT，我们只需要根据自己的习惯调整PPT的字体大小就可以了，如图7所示。

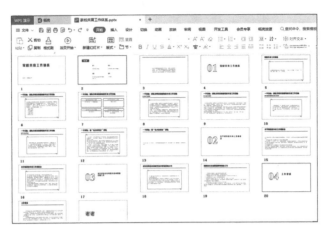

图7 调整PPT字号

📑 要点总结

本专题主要学习了将Word中的文本快速转换为PPT页面的方法，为今后办公提供了新的快捷的方法。概括起来，将Word演讲稿快速转化成PPT演示文稿，操作步骤有以下几点：

第一步，在"大纲视图"模式下调整Word文档中的标题等级。

第二步，"文件"命令下选择"输出为PPTX"。

第三步，保存PPT之后，调整PPT的字体字号。

📖 拓展提升

◎**任务**◎

请找到一篇较长文本的Word文档，通过本节学习的技术，加工成为一个PPT。然后对文字进行精简，添加相关图片或者图表做适当美化。

专题31　Word文档的"分"与"合"

问题情景

　　娜娜老师近期做了一次家访，根据家访的内容，每位学生家长填写了一份家访记录，娜娜老师想把这些单独的文档合并成一个文档，便于保存和查看，可是一个一个粘贴好慢啊！娜娜老师正在发愁……大白老师刚好出现，给娜娜老师露了一手，很快问题就解决了。大白老师到底教会了娜娜老师哪些实用技术呢？

解决对策

　　作为一款经典的办公软件，Office有太多的功能需要我们挖掘使用。在平时的工作和学习中，经常会遇到将多个文档合并成一个文档，或将一个文档分解成多个文档进行打印，使用复制粘贴是可以完成这两种操作，但费时费力。其实，只要掌握了Word中的以下功能，就能快速完成文档的"分"与"合"。

案例精讲

◎实践过程◎

一、将多个文档合并为一个文档

1. 新建一个Word文档。

2. 选择"插入"菜单，在显示出的工具栏中找到"对象"按钮，如图1所示。按下对象按钮旁的下拉选项，选择"文件中的文字"选项。

图1　Word中选择"插入"菜单后的功能工具栏

3. 在弹出的选择文件的窗口中，找到需要合并文档存放的文件夹，选中全部文档，单击下方"插入"按钮，如图2所示，即可完成将所选中的文档内容合并到一个文档中，单击"保存"即可。

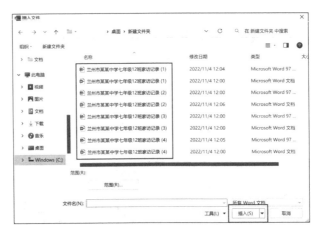

图2　选择要合并的文件窗口

二、将一个文档分解为多个文档

以"古诗四首.doc"为例，将文档中的四首古诗分解，每首古诗保存成一个单独的文档。

1. 打开"古诗四首.doc"文档。

2. 选择"引用"菜单，选中第一首古诗的标题，单击菜单中"添加文字"按钮下拉菜单中的"1级"，完成1级标题设置。如图3所示。用同样的方法，把四首古诗的标题都设置为"1级"，这里亦可采用"格式刷"完成快速设置操作。

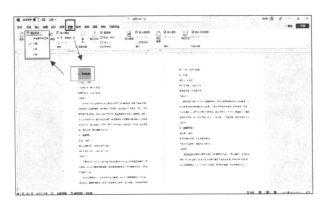

图3　将文档中的标题设置为"1级"标题操作

3. 选择"视图"菜单，单击工具栏中的"大纲"进入"大纲视图"模式，设置"显示级别"→"所有级别"。

4. 按下Ctrl + A选中全部文档，并选择"显示文档"，单击"创建"按钮，每一首古诗的内容呈现分块显示。

5. 直接单击"保存"按钮，原文档中的四首古诗会分别被保存为1.doc、2.doc、3.doc、4.doc，分解后文档保存的位置与原文件"古诗四首.doc"在同一个根目录下的文件夹中，很容易找到。如图4所示。

图4　设置好"显示文档"及"创建"的文档样式

要点总结

1. 将多个文档合并为一个文档，操作步骤总结如下：

第一步，新建一个Word文档。

第二步，选择"插入"→找到"对象按钮"→"文件中的文字"。

第三步，在弹出的选择文件对话框中，选择需要合并的Word文档，单击"插入"。

第四步，单击"保存"按钮。

2. 将一个文档分解为多个文档，操作步骤总结如下：

第一步，打开Word文档。

第二步，单击"引用"菜单，将要拆分的文档首行或标题设置为"1级"。

第三步，单击"视图"菜单，调整好"显示级别"→"所有级别"。

第四步，选中全部文档，单击"显示文档"→"创建"。

第五步，单击"保存"按钮。

拓展提升

◎任务一◎

从网上下载一份与"唐诗三百首"相关的文档，将文档中的古诗分解成多个单独的Word文档并进行保存。

◎任务二◎

将自己平时写的随笔文档或作文，使用多个文档合并成一个文档的方法整理成一个文档进行保存。

专题32　从Word巧妙"迁移"原版的
统计表到Excel中

问题情景

　　体育课上，体育老师对全班同学分组进行跳绳测试，每次1分钟，每位同学跳3次。各小组的组长在打印好的表格中记录每一位同学每一次跳绳的个数。课后，小虹同学帮助老师在Word中做了表格，并且把所有数据录入到了Word表格中。然而，当体育老师打开表格后，发现在Word中每个学生跳绳的总个数、平均个数和排名等都无法完成计算。体育老师随即把表格复制粘贴到Excel中，发现表格的格式都会发生变化，而且要重新进行美化调整。他由此提出这样一个技术问题：到底能不能不用复制粘贴，而用某种巧妙的方法将Word中的原表保留格式不变而"迁移"到Excel中来呢？

解决对策

　　在日常工作学习中，会遇到需要将Word中的表格变成Excel表格进行计算或统计分析，或将Excel中的统计表直接放置在Word文档中的情况。如果直接采用复制、粘贴的方法，表格就会出现变形，效果并不理想，必须花费时间进行调整。能不能在不需要调整格式的情况下，就可以实现表格的"迁移"操作呢？本节专题就让我们一起学习如何将Word中的原表保留格式不变而"迁移"到Excel中的操作技巧。

◎工具软件◎

软件名称：Microsoft Word 2010及以上版本、Microsoft Excel 2010及以上版本。

案例精讲

◎实践过程◎

一、将Word表格保留格式不变"迁移"到Excel中

1. 打开表1所示的Word文档。选择"文件"菜单，单击"另存为"，保存类型选择"单

个文件网页"，如图1所示。保存好的文件格式及图标如图2所示。

表1　"博雅班"体育课跳绳测试成绩统计表

序号	姓名	性别	第一次跳绳（个/分钟）	第二次跳绳（个/分钟）	第三次跳绳（个/分钟）	
1	周文宇	男	132	127	134	
2	王梓桐	女	144	138	150	
3	朱文丽	女	153	142	139	
4	马俊文	男	102	123	114	
5	曹子玉	女	111	108	99	
6	刘艳红	女	98	100	103	
7	张子恩	女	103	101	99	
8	王　文	女	125	118	122	
9	马赫然	男	108	111	109	
10	朱　涛	男	113	105	108	

文件名(N): 七年级一班跳绳成绩统计表
保存类型(T): 单个文件网页

图1　保存文件时类型选择图示　　　　图2　单个网页文件格式图标

2.新建Excel工作簿，将生成的"单个文件网页"文件直接拖入到新建的Excel工作表中，即可看到Word表格成功"迁移"到Excel中显示，表格没有出现乱码或变形，并可以快速地完成求和、求平均值、排序等计算操作。如图3所示。

	A	B	C	D	E	F	G	H
1				七年级一班跳绳成绩统计表				
2	序号	姓名	性别	第一次跳绳（个/分）	第二次跳绳（个/分）	第三次跳绳（个/分）	总数	平均数
3	1	朱文丽	女	153	142	139	434	145
4	2	王梓桐	女	144	138	150	432	144
5	3	周文宇	男	132	127	134	393	131
6	4	王文	女	125	118	122	365	122
7	5	马俊文	男	102	123	114	339	113
8	6	马赫然	男	108	111	109	328	109
9	7	朱涛	男	113	105	108	326	109
10	8	曹子玉	女	111	108	99	318	106
11	9	张子恩	女	103	101	99	303	101
12	10	刘艳红	女	98	100	103	301	100

图3　"迁移"操作

3. 单击"保存"文件，保存类型选择Excel工作簿即可。

二、Excel表格保留格式不变"迁移"到Word中

既然可以把Word文档中的表格保持原格式不变"迁移"到Excel表格中，那么同样，Excel中的表格也可以完整地、保持格式不变地复制到Word文档中。

1. 先选中Excel中需要"迁移"的表格（可以是全部表格，也可以是表格的一部分），单击鼠标右键，在弹出的快捷菜单中，选择"复制"（或直接按下快捷键Ctrl+C），完成表格的复制操作。如图4所示。

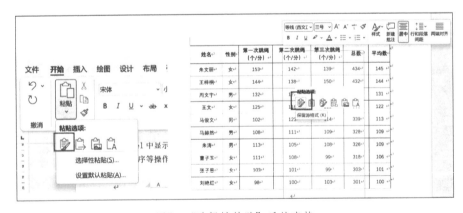

图4　选中Excel中要"迁移"的表格并完成"复制"

2. 新建Word文档，选择"开始"菜单→"粘贴"，粘贴选项点选"保留源格式"，就完成保留Excel中源格式表格的"迁移"（亦可直接单击鼠标右键，在弹出的快捷菜单中选择"粘贴"→"保留原格式"粘贴）。如图5所示。

图5　"选择性粘贴"后的表格

3. 单击"保存"文档即可。

要点总结

将Word中的表格"迁移"到Excel中只是对其文件类型进行了更改，这充分说明了信息处理过程中，往往利用一些简单的技术就可以优化方法。我们在学习Office办公软件的过程中，要培养一种多软件协同工作的思维方式，学会将Word、PPT、Excel三款软件的相关功能互补，充分发挥每款软件的特色作用。在此专题中，将Word中的统计表"迁移"到Excel中，就是为了发挥Excel强大的计算功能。

拓展提升

◎任务◎

在Word中完成表格"**校园歌手大赛成绩表"的制作，表格样式见表2，按要求完成相关操作。

表2   **校园歌手大赛成绩表

序号	选手姓名	参赛曲目	1号评委	2号评委	3号评委	4号评委	5号评委
1	马*	微微	9.3	9.2	9.4	9.3	9.0
2	付*	飞花	8.9	9.0	9.1	8.8	8.7
3	李*	年轮	9.2	9.1	9.0	9.2	8.8

要求1：将Word表格"迁移"到Excel中，新加三列，计算出每位参赛选手的最高分、最低分及最后得分［最后得分=（总分−最高分−最低分）/3］。

要求2：把计算出"最后得分"的表格用"选择性粘贴"功能粘贴到Word中。

专题33 Word中"邮件合并"功能的典型应用

问题情景

随着第九届科技节的落幕，学校评选出了很多优秀的作品和奖项，娜娜老师作为这次比赛的负责人，需要给获奖学生打印荣誉证书。面对全校几百份荣誉证书，有着不同的获奖学生姓名，还有不同的项目名称、奖项等。采用普通的方法，那得要工作多久才能完成啊？娜娜老师有点发愁，于是她请教了大白老师，在大白老师的帮助下，娜娜老师高效率地完成了任务。那么大白老师是怎样解决这一问题的呢？

解决对策

娜娜老师所说的普通的方法，其实就是按照统一的证书文案模板，不断地复制、粘贴每一个获奖学生的信息到各自页面，非常耗时，还容易出错。那么，到底如何才能批量快速地制作出这么多的荣誉证书文案呢？常用的Word 2010及以上版本自带的"邮件合并"功能，就能帮娜娜老师解决这个难题。本专题以Word 2010版本作为技术示范，其他版本的应用方法请灵活变通。

案例精讲

◎素材准备◎

制作一份获奖学生的Excel表格名单；制作一个奖状的共性文案模板。

◎实践过程◎

让我们一起和娜娜老师来完成批量制作荣誉证书的任务吧！

一、做好数据源

打开Excel表格，根据奖状内容在表格第一行编辑"姓名""奖项""项目名称"等纵标题，将相关信息填充完整，见表1。制作完成后，保存到相应位置备用。

表1 "数据源"表格

姓名	奖项	项目名称
汪*	一等奖	科幻画
王*天	一等奖	科幻画
张*	一等奖	科幻画
王*	一等奖	科技小发明
黎*	二等奖	科技小发明
张*明	二等奖	科技小发明
李*	二等奖	科技小发明

二、制作奖状模板

打开Word 2010，根据奖状所需内容设计模板，在"姓名""奖项""项目名称"等位置留出空白，以便后续引用数据源表格内容。奖状文案模板如图1所示，为理解方便，红色字只是表示相应位置"数据源"的关键词。

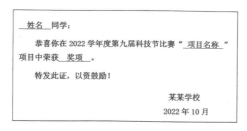

图1　奖状文案模板

三、用"邮件合并"批量制作奖状文案

1. 打开奖状模板，在菜单栏点击"邮件"选项卡，如图2所示，再单击"选择收件人"，在下拉菜单中选择"使用现有列表"。

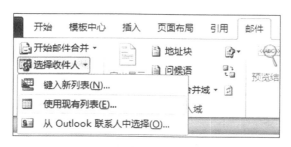

图2　选择数据列表

2. 选中第一步制作好的获奖名单表格文件，再单击"打开"按钮，将数据源添加到Word中，如图3所示。

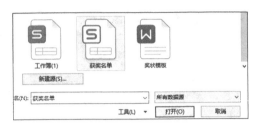

图3　选择数据源

3. 在弹出的"选择表格"对话框中，单击获奖名单所在的工作表标签，如图4所示，再单击"确定"按钮退出。

图4　选择数据标签

4. 将鼠标定位在模板"姓名"留空处。再选择菜单栏中的"编写和插入域"功能区，单击"插入合并域"，如图5所示，在下拉菜单中选择"姓名"。

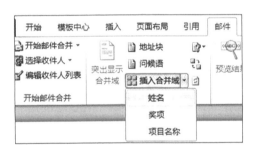

图5　插入"姓名"合并域

5. 将鼠标定位在模板"项目名称"留空处，继续单击"插入合并域"，在下拉菜单中选择"项目名称"，如图6所示。

图6　插入"项目名称"合并域

6. 将鼠标定位在模板“奖项”留空处，继续单击“插入合并域”，在下拉菜单中选择“奖项”，如图7所示。

«姓名» 同学：

恭喜你在 2022 学年度第九届科技节比赛“«项目名称»”项目中荣获«奖项»。

特发此证，以资鼓励！

某某学校

2022 年 10 月

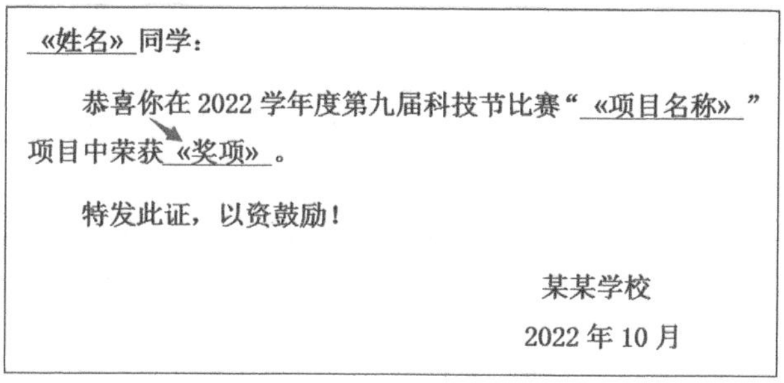

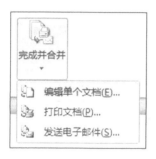

图7　插入“奖项”合并域

7. 合并域插入完成后，单击最右侧“完成”功能区中的“完成并合并”，如图8所示。

图8　完成并合并

8. 如图9所示，在弹出的下拉菜单中选择“编辑单个文档”，单击“确定”，所有学生的荣誉证书内容会生成一个新的Word文档，如图9所示。

江　同学：

恭喜你在 2022 学年度第九届科技节比赛“科幻画”项目中荣获一等奖。

特发此证，以资鼓励！

某某学校

2022 年 10 月

王　同学：

恭喜你在 2022 学年度第九届科技节比赛“科幻画”项目中荣获一等奖。

特发此证，以资鼓励！

某某学校

2022 年 10 月

王　同学：

恭喜你在 2022 学年度第九届科技节比赛“科技小发明”项目中荣获一等奖。

特发此证，以资鼓励！

某某学校

2022 年 10 月

黎　同学：

恭喜你在 2022 学年度第九届科技节比赛“科技小发明”项目中荣获二等奖。

特发此证，以资鼓励！

某某学校

2022 年 10 月

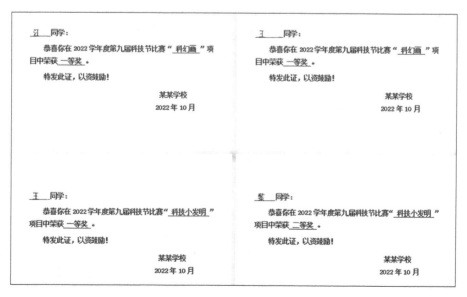

图9　批量生成荣誉证书文案页

9. 将批量生成的文件保存，接着就可以在打印机中放入荣誉证书专用纸张，逐页进行打印了！

要点总结

Word软件中“邮件合并”功能体现了整体思维的妙用，极大地提高了工作效率。在具体操作中，有以下几点需要特别注意：

1. 获奖名单须用Excel软件进行编排，起始单元格最好从A1开始制作，依次填写表格纵标题的关键词。

2. 荣誉证书的模板需在使用“邮件合并”功能前调试合适，可提前用奖状纸尝试打印，调整文字到最佳位置。

3. 模板中需空出合并域的位置，以便后续添加。

4. 完成合并后需在菜单栏中选择编辑单个文档，对新生成的Word文档进行检查，无误后再单击打印，以免造成纸张的浪费。

拓展提升

◎任务◎

请尝试使用“邮件合并”功能，按照图10所给的模板制作40份家长会邀请函。请从“数据源”表格中提取“姓名”。

家长会邀请函

尊敬的______家长：

您好！

感谢您长久以来对班级工作的关心、理解和支持。一学期已经过去了一半，为了能让您的孩子取得更大进步，诚挚地邀请您能按时来参加家长会！

为了孩子的茁壮成长，我们携手共进！期待各位家长的到来！

时间：2022 年 5 月 8 日 上午 8:30

地点：“博雅班”教室

图10　邀请函模板

专题34　Word中巧用开发工具制作下拉菜单

学校一年一度的"颂祖国"主题演讲比赛开始报名了，小超同学收到了多位同学填写的电子报名表。他在整理数据的时候发现，有部分表格栏的数据填写可谓五花八门。比如，性别一栏有写"女性"的，也有写"女生"的，还有写"女孩子"的……为了让大家规范地完成表格填写，小超同学认真研究，终于借助Word中自带功能制作了下拉菜单，给大家重新分享了新的报名表，很快就完成了报名任务。小超同学到底巧用了Word中的什么功能可以实现下拉菜单的制作呢？

解决对策

小超同学遇到的办公问题可以这样概括，一些表格中填写的信息无须填写者自由发挥，而是要从多个确定的词条中去做选择。为了规范信息的填写，小超同学在Word中制作表格时，针对遇到的这个问题，只要将开发工具中"控件属性"的相关功能应用好，就可制作出一个非常专业的报名表。

◎软件介绍◎

软件名称：WPS Office。

相关知识

软件开发工具为软件开发服务的各种软件和硬件，是用于辅助软件生命周期过程的基于计算机的工具。通常可以设计并实现工具来支持特定的软件工程方法，减少手工方式管理的负担。与软件工程方法一样，他们试图让软件工程更加系统化，工具的种类包括支持单个任务的工具及囊括整个生命周期的工具。

案例精讲

◎素材准备◎

WPS Office、需要填写内容的表格。

◎ 实践过程 ◎

1. 首先单击表1制作下拉菜单的单元格。

表1 活动报名表

照片	姓名		性别	
	学校		专业	
	指导教师		邮编	
	通信地址			
	联系电话	固定电话：	E-mail	
		手机：		

2. 单击"开发工具"，选择下拉列表内容中的"控制属性"，如图1所示。

图1 进入"开发工具"

3. 选择"添加选项"，输入选项内容，如图2所示。

图2 "添加选项"命令

4. 添加内容之后就形成如图3所示表格。

	姓 名		性 别	选择一项。▾
照片	学 校		专 业	选择一项。
	指导教师		邮 编	男
	通讯地址			女
	联系电话	固定:	E-mail	
		手机:		

图3　最终完成的效果

要点总结

本专题学习了在Word中应用"开发工具"来制作下拉菜单的方法，掌握了对报名表进行技术优化的技术，为今后的办公提供了很大便利。概括本专题的技术应用步骤，总结如下：

第一步，先单击表格中需要添加下拉菜单的单元格。

第二步，单击"开发工具"→"下拉列表"→"内容控件"→"控制属性"。

第三步，添加需要的内容。

技术提示：如果添加的选项内容不合适，可以进行删除或者修改，选项顺序也可以进行上下移动。

拓展提升

◎任务◎

如果你的朋友在某公司负责HR工作，他在编辑一份如表2所示的电子表格时，由于院校及专业较多，比较繁杂，所以他很想请你帮忙做下优化处理。请你在下面表格中的性别、院校、专业三栏制作相应的下拉菜单。"院校"可任意选择你熟悉的5所以上高校，"专业"可选择你所熟悉的三个以上专业。

表2　招聘报名样表

	姓名		性别	
照片	院校		专业	
	通信地址			
	联系电话	固定电话:	E-mail	
		手机:		
个人简历:				

Excel妙招

专题35　Excel中巧用函数将分数转换成等级

问题情景

　　"双减"政策明确要求，严禁以任何方式公布学生成绩和排名，考试成绩应实行等级评价。学校要求娜娜老师将本次考试成绩转换为A、B、C、D四个等级，娜娜老师运用Excel中的IF函数很快完成了任务。小超觉得不可思议，他特别想知道如何在Excel中实现批量的等级转化，于是，娜娜老师给他做了详细的讲解。

解决对策

　　在Excel中，将实际的考试成绩数字转换为ABCD等级制，运用的是IF函数。只要我们熟悉IF函数的使用方法，"将成绩批量转换为等级制"这个问题就会迎刃而解。

◎工具软件◎

软件名称：Excel 2003版本及以上。

相关知识

　　Excel中的IF函数使用格式为：IF（logical_test，［value_of_true］，［value_of_false］）
　　假设预判断的数值在A1单元格，那么数值判断的IF函数一般可以写成如下两种：
　　1. 单条件判断
　　语句：=IF（A1>=60，"合格"，"不合格"）
　　语句含义：当A1单元格的成绩数值大于或等于60的时候，标注为"合格"，否则标注为"不合格"。
　　2. 多重条件判断
　　语句：=IF（A1>=80，"优秀"，IF（A1>=60，"及格"，"不及格"））
　　语句含义：当A1单元格的成绩数值大于或等于80的时候，标注为"优秀"，否则再次进行判断，若成绩数值大于或者等于60的时候，标注为"及格"，否则标注为"不及格"。

案例精讲

◎实践过程◎

在转换成等级前，请先明确等级划分规则。本案例中，成绩满分为400。划分规则为：满分的80%及以上为A等；满分的60%～80%为B等；满分的40%～60%为C等；满分的40%以下为D等。

我们以此为例，来看看操作步骤。

1. 打开Excel 2016程序窗口，导入成绩表。如图1所示。

七年级期末成绩表

姓名	语文	数学	英语	物理	总分	等级
郭小峰	85	97	88	76	346	
贾浩宇	77	76	78	66	297	
徐　飞	60	56	84	66	266	
王　伟	78	20	60	65	223	
沈文迪	44	77	62	77	260	
曾国翰	80	62	76	59	277	
罗小松	67	74	59	63	263	
李国辉	80	76	86	70	312	
钱晓宝	78	88	83	79	328	
张文光	34	44	28	36	142	
王子浩	56	78	67	75	276	

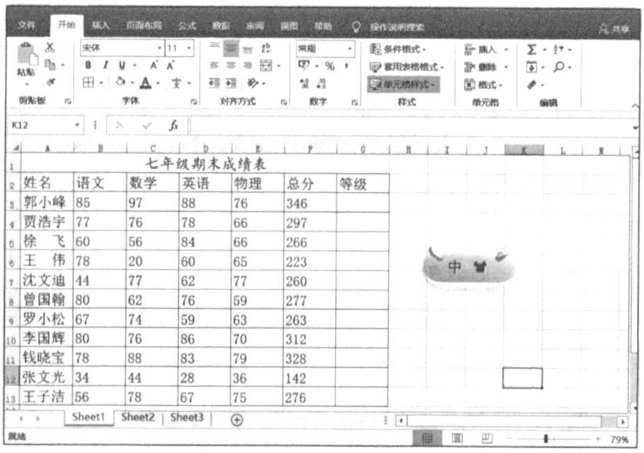

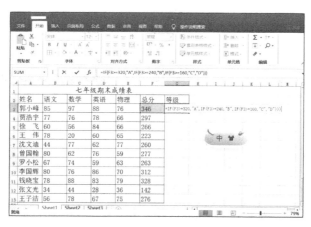

图1　导入成绩表

从上图中我们可以看到，预判断的“总分”数值在F3～F13单元格，要填入的等级在G3～G13单元格。

2. 选中G3单元格，输入以下函数语句：=IF（F3>=320，"A"，IF（F3>=240，"B"，IF（F3>=160，"C"，"D"））），如图2所示。

回车确认后即可显示“A”。

七年级期末成绩表

姓名	语文	数学	英语	物理	总分	等级
郭小峰	85	97	88	76	346	=IF(F3>=320,"A",IF(F3>=240,"B",IF(F3>=160,"C","D")))
贾浩宇	77	76	78	66	297	
徐　飞	60	56	84	66	266	
王　伟	78	20	60	65	223	
沈文迪	44	77	62	77	260	
曾国翰	80	62	76	59	277	
罗小松	67	74	59	63	263	
李国辉	80	76	86	70	312	
钱晓宝	78	88	83	79	328	
张文光	34	44	28	36	142	
王子浩	56	78	67	75	276	

图2　输入函数语句

3. 选中G3单元格，鼠标移动到右下角，通过填充柄“+”向下填充到G13，所有学生的总分就按划分规则转换成等级ABCD了，如图3、图4所示。

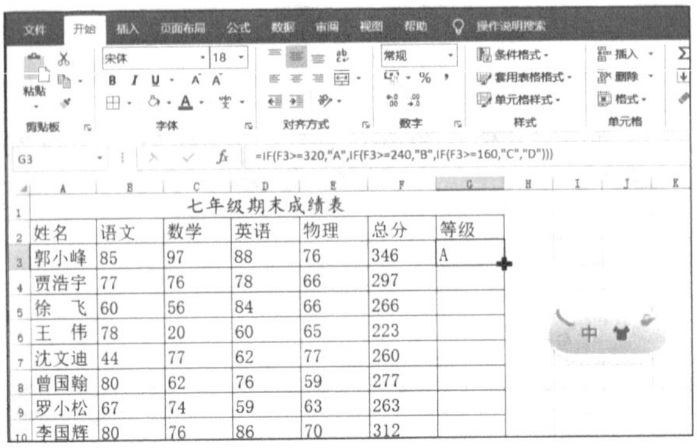

姓名	语文	数学	英语	物理	总分	等级
郭小峰	85	97	88	76	346	A
贾浩宇	77	76	78	66	297	
徐　飞	60	56	84	66	266	
王　伟	78	20	60	65	223	
沈文迪	44	77	62	77	260	
曾国翰	80	62	76	59	277	
罗小松	67	74	59	63	263	
李国辉	80	76	86	70	312	

图3　填充柄

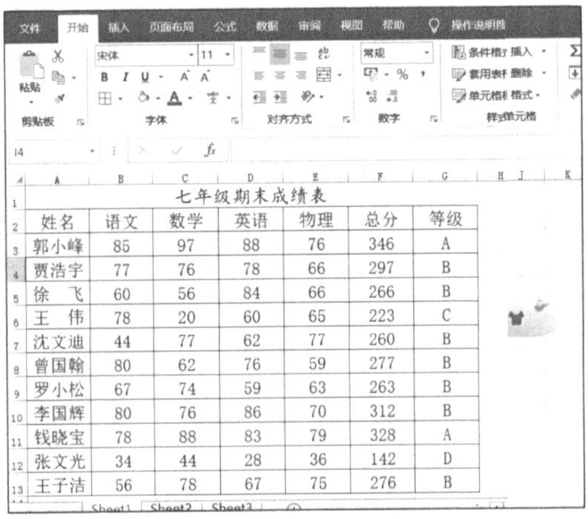

姓名	语文	数学	英语	物理	总分	等级
郭小峰	85	97	88	76	346	A
贾浩宇	77	76	78	66	297	B
徐　飞	60	56	84	66	266	B
王　伟	78	20	60	65	223	C
沈文迪	44	77	62	77	260	B
曾国翰	80	62	76	59	277	B
罗小松	67	74	59	63	263	B
李国辉	80	76	86	70	312	B
钱晓宝	78	88	83	79	328	A
张文光	34	44	28	36	142	D
王子洁	56	78	67	75	276	B

图4　最终效果

要点总结

在Excel中，函数实际上是一个预先定义的特定计算公式。按照这个特定的计算公式对一个或多个参数进行计算，并得出一个或多个计算结果，叫作函数值。Excel中的函数一般分为简单函数（包含加总、计数、平均、最值、排序、乘积、除余、取整）、逻辑函数（包含IF、IFERROR、AND、OR）、文本函数（包含文本提取、文本查找、文本替换、文本转换及合并）、引用与查找函数等，IF 函数属于典型的逻辑函数。以下为IF函数的应用过程总结：

1. 输入函数语句时，必须要在英文输入法下进行输入，尤其要注意的是，当参数的输出结果为汉字时，两边的引号或括号不能是中文输入法下的符号。

2. 多重条件判断时，建议大家按由内而外、由小到大的顺序先厘清嵌套关系，同时要特别注意括号的位置和匹配数量，再进行编写就不容易出错了。

拓展提升

◎任务◎

运用所学，请参考表1所示的表格样式，自己制作一个电子表格，根据平均分对学生成绩进行评价，用相关汉字填充。评价规则为：总分大于等于85为"优秀"；总分大于等于70且小于85为"良好"；总分大于等于60且小于70为"及格"；总分小于60为"不及格"。

表1 "博雅班"期末考试三科成绩统计表

编号	学科1	学科2	学科3	平均分	评价
1	98	93	68	86.3	
2	87	58	77	74.0	
3	60	53	60	57.7	
4	93	98	82	91.0	
5	71	59	100	76.7	
6	72	68	53	64.3	
7	52	60	52	54.7	
8	80	91	98	89.7	
9	67	62	63	64.0	
10	88	81	90	86.3	

专题36　精美且可视化的统计图表制作

问题情景

　　最近期末考试刚刚结束，娜娜老师统计了本班学生的考试成绩和日常表现情况，想要召开一次学科教师的成绩分析会。如果只是单纯用统计表格形式去做分析，则很不直观。于是，娜娜老师想把这些表格数据做成一个可视化的统计图表，用PPT去呈现，便于老师们更加清晰直观地了解到学生的学习情况。娜娜老师在大白老师的帮忙下，顺利制作完成了一个直观又生动的PPT。本节就让我们和娜娜老师一起来学习制作精美且可视化的统计图表吧！

解决对策

　　数据分析意在发现问题、寻求对策。针对学生期末考试的成绩数据，教师很有必要去做认真研究，为后续的教学提供重要的参考。娜娜老师能主动地将考试成绩数据制作为生动且直观的统计图表，让数据分析变得一目了然，充分体现了她有着较好的信息素养。一般情况下，只要用好Excel软件，就能实现可视化图表的制作，再结合PPT软件将统计图表美化，和数据分析的文案有机整合，就形成了一个数据分析报告，用以实现分享与交流。

◎工具软件◎

　　软件名称： Microsoft Excel 2010和Microsoft PowerPoint 2010及以上版本。

　　功能介绍： Excel的数据统计功能可以有效处理成绩数据，并生成形象的图表来表征数据的变化和发展趋势。PPT和Excel的图表功能相互关联，可在PPT中通过添加图例、坐标轴、数据标签等方式让图表更直观可读，通过颜色搭配、形状设计等方法让图表更美观。

相关知识

一、图表的定义

　　图表是工作表数据的图形表示方法，根据工作表中的数据生成。图表能直观地显示工作表中的数据，从而形象地反映数据的差异、发展趋势及预测走向等，使数据更加形象化。当数据发生变化时，图表也会随之更新。

二、图表的类型

Excel提供了柱形图、折线图、饼图、条形图、面积图、XY散点图、股价图、曲面图、圆环图、气泡图和雷达图等类型的图表，每种图表类型又分别包含不同数量的子类型，不同类型的图表显示不同的数据比较方式。

三、图表的元素

图表元素一般包括六项：一个是图表标题，用于介绍图表的主题；二是横轴、纵轴标题；三是类别名称；四是图例，用各种符号和颜色代表图形里的不同类别；五是网格线，方便看到每个元素在图形中的位置；六是数据来源，赋予数据可信度。根据图表精简程度和设计需求，可选择添加部分元素，六项元素不必全部呈现。

案例精讲

◎ 实践过程 ◎

一、考试成绩数据说明

假设"博雅班"本次期末考试按照以下各科的满分值开展：语文120分、数学120分、英语120分、物理90分、道德与法治50分、历史50分、地理40分、生物40分。这里首先要做特别说明，为了更清晰地呈现数据分析的方法，以表1所列举的学生成绩为虚拟数据，任意选取了班级10名同学的成绩作为样本数据，部分成绩较低的学生只是为了做示范，不能作为"博雅班"学生学习水平的评判依据。娜娜老师决定从两个角度来着手分析，分别是班级整体层面和学生个人层面。

首先是班级层面。通过班级内的横向对比，可以分析班级的整体表现和进退步情况。娜娜老师选取了以下两个项目：①班级内各分数段内的人数，预估本班级学生的优秀率，并促进本班学生的培优和补差。②班级内各科目的最高分、最低分和平均分。

其次是学生层面。通过考试排名、各科目对比等了解学生的综合情况。娜娜老师选取了以下两个项目：①进步最快和退步最多的几位学生，有针对性地提出表扬和鞭策。②特定学生的科目成绩分布图，了解学生的优势和劣势学科，对学生提出科学分配学习时间的建议。

表1 "博雅班"部分学生成绩表

姓名	语文	数学	英语	物理	道德与法治	历史	地理	生物	总分
杨嘉懿	83	58	61	64	30	32	23	21	372
王佑泞	74	15	29.5	27	33	29	27.5	17.5	252.5
张 雍	81	38	54.5	39	32	28	22	22.5	317
刘 绪	91	100	75.5	61	34	39	26.5	34	461
梁豫煊	70	7	16	19	24	10	14	11.5	171.5
杨浩钻	83	61	80.5	48	25	20	29	19	365.5
张馨逸	89	99	48.5	41	29	27	34.5	30	398
司美筠	101	111	95.5	75	34	49	37.5	36	539

续 表

姓名	语文	数学	英语	物理	道德与法治	历史	地理	生物	总分
芦玫璇	73	92	46.5	40	34	36	27.5	20.5	369.5
刘潜	60	52	20.5	47	21	18	22.5	9.5	250.5

备注：表格中学生姓名均为化名，非真实姓名。

二、图表制作与分析

1. 为了分析班内不同成绩段人数，首先需要对学生总成绩排序，得到学生从高至低的成绩序列表，如表2所示。成绩段可划分为三个等级：400分以上、300～400分、300分以下。按照成绩等级进行计数并制作学生成绩段人数表，如表3所示。饼形图能够以图形的方式显示各个组成部分所占比例，因此娜娜老师选择了饼形图来表征各成绩段人数的占比。制作方法是选中成绩分段表，单击菜单栏"插入"，选择图表"饼图"，一般会在工作表空白区域生成一个饼图，效果如图1所示。

表2 "博雅班"学生成绩排序表

姓名	语文	数学	英语	物理	道德与法治	历史	地理	生物	总分
司美筠	101	111	95.5	75	34	49	37.5	36	539
刘绡	91	100	75.5	61	34	39	26.5	34	461
张馨逸	89	99	48.5	41	29	27	34.5	30	398
杨嘉懿	83	58	61	64	30	32	23	21	372
芦玫璇	73	92	46.5	40	34	36	27.5	20.5	369.5
杨浩钻	83	61	80.5	48	25	20	29	19	365.5
张壅	81	38	54.5	39	32	28	22	22.5	317
王佑汀	74	15	29.5	27	33	29	27.5	17.5	252.5
刘蜡	60	52	20.5	47	21	18	22.5	9.5	250.5
梁豫煊	70	7	16	19	24	10	14	11.5	171.5

备注：表格中学生姓名均为化名，非真实姓名。

表3 "博雅班"学生成绩段人数表

成绩分段	人数
400分以上	2
300～400分	5
300分以下	3

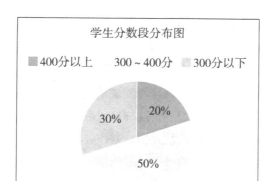

图1 "博雅班"学生分数段分布图

观察饼图，处于400分以上的同学占比为20%，教师可以组织培优辅导，进行进阶训练。而处于300分以下的同学占比为30%，从补差角度来讲，教师需要着重夯实学生基础知识，补足学生短板。

2. 期末考试的成绩数据中只包含学生各科目的成绩和总分，娜娜老师首先需要对成绩表进行数据处理，利用Excel中的MAX（最大值）、MIN（最小值）、AVERAGE（平均值）公式进行计算，在表格下面生成各科目最高分、最低分和平均分的成绩表，见表4。柱状图是一种以长方形长度为变量的统计图表，便于理解数据之间的相互关系，因此娜娜老师制作了柱形统计图来表征数据。制作方法是先选中表格第一行科目标题行和最高分、最低分、平均分三行，在菜单栏单击"插入图表"，选择"柱形图"，工作表空白区域会生成柱状统计图，如图2所示。

表4 "博雅班"学生最高分、最低分、平均分统计表

科目	语文	数学	英语	物理	道德与法治	历史	地理	生物	总分
张馨逸	3	1	7	4	2	3	2	8	3

备注：表格中学生姓名均为化名，非真实姓名。

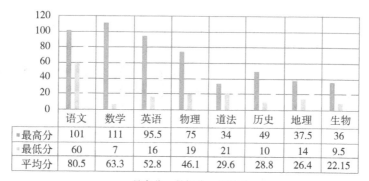

图2 "博雅班"各科目最高分、最低分、平均分图

观察柱形统计图，学生成绩差值较大的科目主要有数学、英语、物理、历史和生物5门学科。这些学科要合理安排教学内容，夯实基础，使后进生也能学有所得，提高班级平均分。

3. 学生的进退步情况可以通过对比两次测验成绩进行分析，娜娜老师提取两次测验成绩和排名制作了名次对比表。折线统计图用折线的起伏表示数据的增减变化情况，可以表现名次的进退步，于是娜娜老师制作了折线统计图。制作方法是先选中学生姓名列、测验一和测验二名次列，单击菜单栏"插入"，选择"折线图"，空白区域自动生成折线统计图，效果如图3所示。

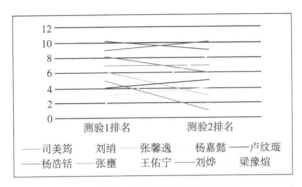

图3 "博雅班"学生进退步情况图

观察折线图表可发现部分同学成绩稳中有升，杨嘉懿等三名同学虽然排名靠后，但在测验中有所进步。梁豫煊同学成绩呈直线上升趋势，进步最大，教师对其提出表扬和肯定。而司美筠等三位同学退步情况比较严重，需要教师重点关注近期学生的学习状态，做好学生的心理安抚工作。

4. 娜娜老师关注到张馨逸同学有偏科现象，为了更清晰地让各科教师了解到张馨逸同学的学科优势和劣势，娜娜老师单独提取了她的成绩进行分析。由于各个科目所占比重不同且分数值不同，各科目在班级中的排名可以更好表征张馨逸同学各科目的学习水平，于是她制作了如表5所示的张馨逸各科成绩排名表。娜娜老师想到条形图可以通过直条长短清楚地看出数据大小，易于比较数据之间的差别，于是她制作了张馨逸的成绩条形统计图。制作方法是选中各科目标题行和张馨逸同学各科目的排名，在菜单栏中选择"插入"，在图表中单击"条形图"，就得到了专属张馨逸同学个人的成绩分析图，如图4所示为张馨逸各科成绩排名图。

表5 张馨逸各科成绩排名表

科目	语文	数学	英语	物理	道德与法治	历史	地理	生物	总分
张馨逸	3	1	7	4	2	3	2	8	3

备注：表格中学生姓名均为化名，非真实姓名。

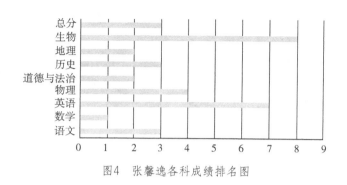

图4　张馨逸各科成绩排名图

条形图中直条长度越短说明排名越靠前，长度越长说明该科目排名越靠后。观察条形图发现，张馨逸的总分排名为班级第三，数学排名为班级第一，说明她的优势学科在数学。而英语和生物的成绩分别位于班级第七和第八，拉低了她的总分，应该在这两科中多投入一些学习时间以补足她的短板，娜娜老师灵活利用信息技术更好地解决了实际问题。

三、在PPT中美化图表

在Excel中完成图表制作后，可以将图表复制、粘贴到PPT中，PPT和Excel图表功能相关联，可以在PPT中对图表进一步设计美化，使图表更生动美观。通过图表与数据分析文案有机整合，就可以完成图表型PPT的制作。一般来讲可从以下四方面着手美化，方法如图5所示。

图5　图表设计工具栏

1. 选择"图表工具"中的"图表设计"，会跳转到图表设计界面，这一界面可以对图表完成颜色、结构、背景、图例等的美化和完善。

2. 在"添加图表元素"选项中，可以设置坐标轴、坐标轴标题、图表标题、数据标签、数据表、误差线、网格线、图例、线条、趋势线等元素，可以根据分析需要添加或者删除这些元素。

3. 在"快速布局"选项中，预设了11种图表布局类型，每一种布局中显示不同的图表元素。

4. 在"更改颜色"选项中，可以更改图表的颜色，颜色中预设有彩色和单色，单击对应的颜色可以直接批量更改图表的整体色调。

5. 娜娜老师通过数据分析、发现问题、寻求对策和图表制作美化等一系列工作，出色地完成了"博雅班"期末成绩分析报告，以下是她制作的部分PPT效果图，如图6所示，一起来欣赏一下吧！

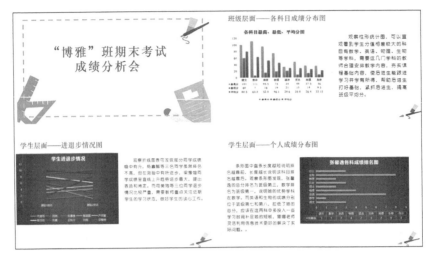

图6 PPT封面及部分图表页

要点总结

本专题用Excel软件和PPT软件紧密结合，完成了一份用以教师内部进行成绩分析的报告，为今后教学的改进起到了积极的作用。用PPT进一步加工图表，表现形式会更加多样化，最后分析结果的呈现会让学科教师能够更加清晰生动地观察到孩子们的成长与进步。本专题的技术应用步骤总结如下：

第一步，数据分析，根据分析需求选择分析项目，并在Excel中对数据进行加工处理，生成所需要的表格数据。

第二步，制作图表，为分析项目选择合适的图表样式，如折线图、饼形图、柱状图等来表现不同数据的分析结果。

第三步，图表美化，将图表复制并粘贴到PPT中，在图表设计工具栏中进行进一步设计美化，并与文案分析整合制作图表型PPT。

技术提示：

（1）设计图表时需要遵循通俗易懂、美观合理两个原则，确保图表的可读性和直观性。

（2）选择图表类型时需要考虑图表的实际作用，如需要表征数据的变化趋势可以用折线图，表征数据占比可以用扇形图，运用恰当的图表类型会达到事半功倍的效果。

拓展提升

◎**任务**◎

在学校教研组的期末成绩分析会上，需要对本班级成绩进行分析（以表6所列举的8位学生的成绩为参照），表格给出了三门学科的成绩，若需要总分、平均分等，请自行计算。请制作出多个不同类型的统计表，要求能够全方位地对这几位学生的成绩做综合可视化分析，以演示文稿的形式呈现分析报告。快来动手试试吧！

表6　期末成绩表

姓名	语文	数学	英语
刘岳尚	103	98	86
司嘉楠	107	65	84
杨伽	96	69	54.5
张伯伦	91	100	75.5
杨广振	102	99	71
徐盛芝	83	61	80.5
马悠亚	89	99	48.5
刘怡斐	101	111	95.5

备注：表格中学生姓名均为化名，非真实姓名。

专题37 利用Excel "合并计算" 快速汇总各科成绩

问题情景

　　每到月底，作为副班主任的娜娜老师特别忙碌，因为她要汇总本班所有学生当月各科的积分情况，评选出表现优秀的学生进行表彰。令娜娜老师困扰的是各科老师发给她的名单中，学生姓名的顺序都不相同，如果逐个手动汇总，工作量非常大。最后娜娜老师在大白老师的指导下，用Excel中的相关功能顺利解决了问题。

解决对策

　　娜娜老师遇到的问题是如何合并汇总多个成绩表中的数据。由于每个表中学生姓名的顺序不一致，所以采用逐表核对汇总的方法往往容易出错。其实，只要用好Excel软件中的 "合并计算" 工具，这个难题便可以解决了。

◎工具软件◎

软件名称：WPS Office。

功能介绍：本专题主要讲解Excel中 "合并计算" 的应用。

案例精讲

◎素材准备◎

多个学科的学生积分数据表。

◎实践过程◎

1. 打开Excel软件，新建一个工作簿，如图1所示。

2. 将需要合并的各学科的积分数据复制到不同的工作表中，如图2所示。

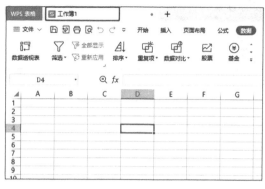

图1　新建工作簿　　　　　　　　图2　复制需要合并的数据

3. 在工作簿中新建一个工作表，命名为"9月份积分汇总表"，将活动单元格定位在A1单元格，如图3所示。

4. 选择菜单命令"数据"→"合并计算"，如图4所示。

图3　新建汇总表　　　　　　　　图4　选择"合并计算"

5. 单击"合并计算"命令，弹出"合并计算"窗口，如图5所示。

6. 在如图5所示的"合并计算"窗口中"函数"下拉列表中选择"求和"，然后单击"引用位置"右侧的按钮，选择需要合并的工作表，如图6所示。

图5　打开"合并计算"

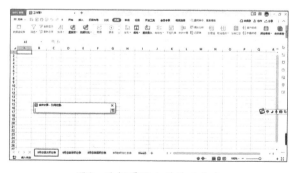

图6　选择需要合并的工作表

7. 打开工作表，用鼠标框选表中的所有数据，然后单击椭圆中的按钮，重新打开"合并计算"窗口，如图7所示。

8. 在"合并计算"的窗口中单击"添加"按钮，这样"9月份语文积分"的数据就添加好了，如图8所示。

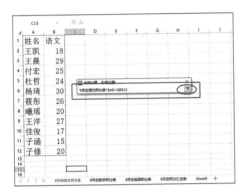

图7　框选数据

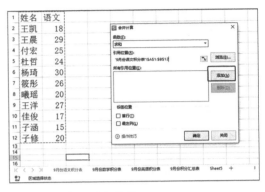

图8　添加数据

9. 用同样的方法将"9月份数学积分"和"9月份英语积分"工作表中的数据都添加进来，如图9所示。

10. 在"合并计算"窗口中的"标签位置"栏选中"首行"和"最左列"前面的复选框，然后单击"确定"按钮，如图10所示。

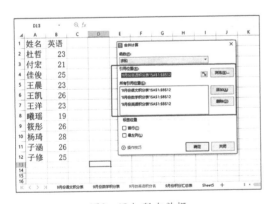

图9　添加所有数据

图10　勾选标签位置

11. 这样，就可以快速地将学生姓名顺序不一致的多张数据表合并汇总到一张表中了，汇总后的结果如图11所示。

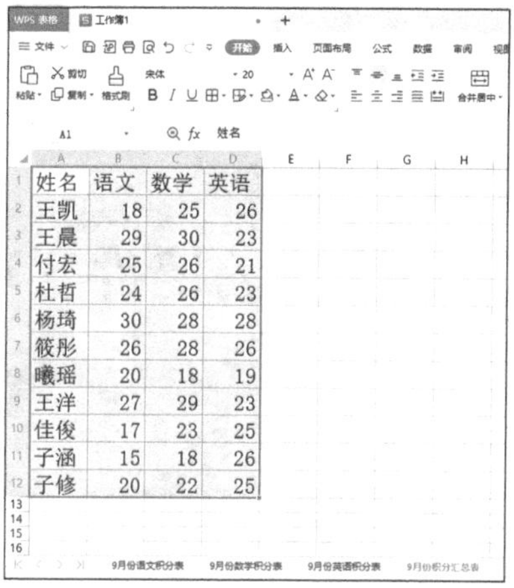

姓名	语文	数学	英语
王凯	18	25	26
王晨	29	30	23
付宏	25	26	21
杜哲	24	26	23
杨琦	30	28	28
筱彤	26	28	26
曦瑶	20	18	19
王洋	27	29	23
佳俊	17	23	25
子涵	15	18	26
子修	20	22	25

图11　汇总后的积分表

要点总结

本专题主要就Excel中的“合并计算”功能进行了详细示范，实现了不同表中数据的统整，培养了用技术来优化问题解决方法的能力。概括本专题内容，关键步骤如下：

第一步，打开Excel新建一个工作簿。

第二步，将要合并的几组数据分别复制到不同的工作表中。

第三步，新建一个工作表，用于存放汇总后的数据。

第四步，在菜单命令中找到“数据”选择选项卡中“合并计算”，分别添加需要合并的工作表中的数据。

第五步，勾选“标签位置”下的“首行”和“最左列”两个复选框，然后单击“确定”。

温馨提示：个别姓名有不匹配或数据有缺失的情况，此类数据会出现在合并数据的最后，我们只需要稍加订正就可以了。

拓展提升

◎任务◎

请自行列出6位学生的平时学科成绩，分别为语文、数学、英语三科，请用本专题所学的“合并计算”技术，对学生各自的三科成绩完成统整。

专题38 巧用Excel软件的控件实现条形码的制作

学校马上要组织期末考试了，此次考试要求每个学生的试卷上要贴条形码，也就是将学生的专属学号变为条形码，以方便阅卷。娜娜老师接到任务后，立即和班主任大白老师商定了技术实现的方法，原来条形码在常用的Excel软件中就能实现。她教会了班长小超同学和其他几位同学，大家一起协同制作，很快顺利完成了任务。Excel软件中到底如何才能实现条形码的制作呢？

解决对策

娜娜老师遇到的实际问题可以这样概括，平时考卷上都是学生在侧边栏填写姓名、班级、考号等信息，现在为了机器阅卷的方便，需要粘贴学生专属的条形码。那么，如何才能方便快捷地制作条形码呢？其实，在常用办公软件中就有条形码制作的功能，可以很好解决娜娜老师遇到的这个问题。只要掌握了Excel软件中控件功能的应用，与条形码制作相关的问题就会迎刃而解。

◎工具软件◎

软件名称：Microsoft Excel 2016及以上版本。
功能介绍："控件"功能的应用。

相关知识

条形码（barcode）：将宽度不等的多个黑条和空白，按照一定的编码规则排列，用以表达一组信息的图形标识符。常见的条形码是由反射率相差很大的黑条（简称"条"）和白条（简称"空"）排成的平行线图案。条形码具有输入速度快、可靠性高、采集信息量大、灵活实用等诸多优点，是迄今为止非常经济、实用的一种自动识别技术。随着计算机应用技术的不断普及，条形码的应用范围更加广阔，条形码可以标出商品的名称、生产日期、图书分类号等多种信息，因而在商品流通、图书管理、邮电管理、银行系统等许多领域都得到了广泛应用。

案例精讲

◎素材准备◎

考生的电子花名册（包括姓名列和学号列）。

◎实践过程◎

1. 打开一个Excel表格，输入一串要作为条形码的数字，如图1所示，然后单击菜单栏中的"文件"→"选项"命令。

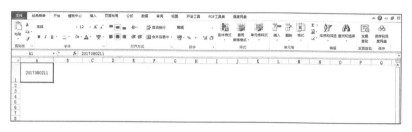

图1　Excel设置界面

2. 单击"自定义功能区"，勾选"开发工具"，再单击确定，如图2所示。

图2　自定义功能区设置界面

3. 单击"开发工具"→"插入"→"其他控件"，如图3所示。

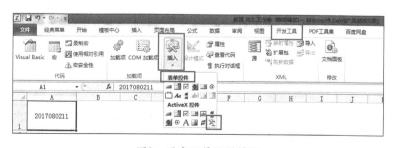

图3　开发工具设置界面

4. 从弹出的小窗口中找到"Microsoft BarCode Control 16.0",选中后单击"确定",如图4所示。

图4　控件设置界面

5. 在B2单元格中,拖动鼠标,建立条形码区域,如图5所示。

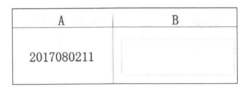

图5　建立条形码区域

6. 建立完成后将显示生成的条形码。然后右击鼠标选择"属性"。

7. 在新的窗口选择"自定义",单击后面的"…",弹出一个小窗口,如图6所示。

图6　"属性页"设置界面

8. 在"样式"中选择"7-Code-128",单击确定,如图7所示。

9. 在"LinkedCell"后面,输入之前条形码数字的单元格位置"A1",如图8所示。

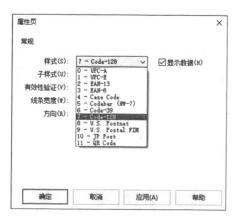

图7 样式设置界面

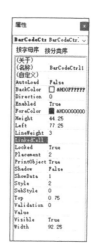

图8 LinkedCell设置界面

10. 回车确定，这样一个条形码就完成了！

要点总结

本专题的软件须用Microsoft Office中的Excel，而且要求是较高的版本，一般为Microsoft Office 2016及以上版本，否则没有Microsoft BarCode Control 16.0这个控件，则无法制作条形码。概括本专题的制作要点有以下几步：

第一步，在A1单元格输入学生的学号，单击左上角的下拉箭头，选择其他命令，单击自定义功能区，在右侧主选项卡窗口处勾选开发工具，单击确定。

第二步，单击开始工具选项栏，单击插入，单击右下角的其他控件，滑动找到Microsoft BarCode Control 16.0，单击确定。

第三步，此时鼠标变成一个黑十字图标，在表格中拖动即可生成条形码，选择条形码，右键点击16.0的对象，单击样式的下拉箭头，选择7-Code-128，单击确定。

第四步，在LinkedCell选项处输入单元格A1，输入完成后鼠标单击一下条形码即可。

拓展提升

◎任务◎

请你按照表1所给学号，练习制作三个条形码。制作完成后，请打印裁剪，粘贴到所给方框中。

表1 条形码粘贴表

学号	条形码粘贴位置
2018211001	
2018211002	
2018211003	

专题39　用Excel中的查找函数实现数据汇总

问题情景

　　学校举办了一次科普知识竞赛活动，已经进入了成绩汇总环节。娜娜老师接到了汇总每个年级竞赛成绩的任务，每个班的班主任纷纷给她发来了本班学生的成绩单。她本想复制每个班的数据，然后粘贴汇总到一个表格上，再进行排序，最后生成总表，方法也是简单可行的。然而，好学的娜娜老师总是想挑战新的方法。她手头有一个全年级学生的工作表，只有学号列和姓名列，按照姓氏模式排序，她想尝试使用函数来完成跨工作表的数据传递，从而实现数据的匹配。娜娜老师到底会怎么做呢？就让我们和娜娜老师一起来挑战吧！

解决对策

　　娜娜老师遇到的技术问题可以这样理解：她手头已经有一个全年级学生的花名册，里面有"学号"列、"姓名"列、"成绩"列，其中"成绩"列数据为空，而且表格行是按照学号"升序"依次排序的，这个总表我们可以定义为"Sheet1"工作表；其他的工作表就是每个班的成绩表，也有"学号"列、"姓名"列、"成绩"列。不同于Sheet1的是："成绩"列全部填充为实际的分数，而且表格行是任意排序的，没有任何规律。我们将这些工作表依次按照班级顺序命名为"Sheet2""Sheet3""Sheet4"……现在需要解决的技术问题是，能否采用某个函数，直接将各班工作表中的成绩数据，按照学号依次批量匹配到总表"Sheet1"中去？

　　其实，在WPS Excel或Microsoft Excel中，"VLOOKUP"函数就可以实现这个功能。它是一个非常实用的查找函数，只要给定一个查找的目标，它就能从指定的查找区域中查找，并返回想要查找到的值，从而实现在不同工作表中传递数据的目的。

◎ **工具软件** ◎

软件名称：WPS Excel或Microsoft Excel中的VLOOKUP函数。

相关知识

VLOOKUP函数：Excel中的一个纵向查找函数，功能是按列查找，最终返回该列所需查询序列所对应的值。实际上，这一函数被广泛应用于工作中，是最常用的查找函数，例如，它可以用来核对数据，多个表格之间快速导入数据等函数功能。

VLOOKUP函数的具体语法规则是：VLOOKUP（查找值，查找区域，返回值所在列数，近似匹配/精确匹配）。

如果需要返回值的近似匹配，可以指定 TRUE；如果需要返回值的精确匹配，则指定 FALSE。如果没有指定任何内容，默认值将始终为 TRUE 或近似匹配。此外，要注意"，"为英文状态下的"，"。

案例精讲

◎ **素材准备** ◎

为了更好地讲解这一函数，这里我们选取11位同学构成了主工作表Sheet1，表示"年级成绩汇总表"；选取了6位同学构成了副表Sheet2，表示"A班学生成绩表"，如图1所示。其他各班工作表的操作与Sheet2类似，不再进行重复示范。

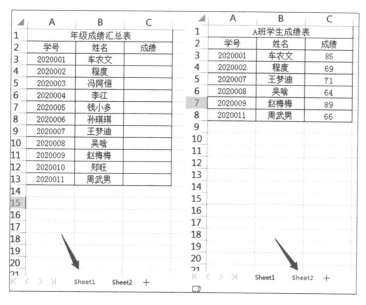

图1　主表和副表

◎ **实践过程** ◎

1. 我们先来匹配学号为"2020001"的第一位同学的成绩。首先选中主工作表"年级成绩汇总表"中的C3单元格，然后单击菜单栏中"fx"按钮，调取出函数列表，选择"VLOOKUP"函数，如图2所示。

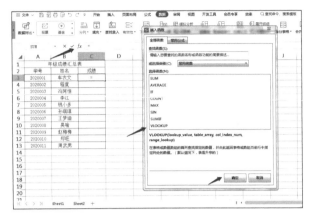

图2　选择VLOOKUP函数

2. 编写函数 =VLOOKUP（A3，Sheet2！A1：C8，3，FALSE），如图3所示。其中"查找值"栏中输入"A3"，指的是我们使用学号作为查找匹配的对象；"数据表"栏中输入"Sheet2！A1：C8"，指的是我们需要查找的表格式位于sheet2，"$"符号是用来锁定查找表的位置；"列序数"栏中填写"3"，因为我们需要查找的数据在副表的第三列；"匹配条件"栏中填写"FALSE"，表示精确查找。最后单击确定即可完成函数应用。

图3　填充"VLOOKUP"函数元素

3. 选中C3单元格，将鼠标移动到C3单元格的右下角，当鼠标变为黑色加号时，单击左键拖动下并拉至C13单元格即可完成批量填充指令，如图4所示。这里出现#N/A代表副表中没有查找到对应数据，后续批量删除即可。

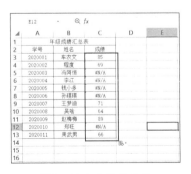

图4　填充其他单元格

📘 **要点总结**

本专题学习了Excel软件中的VLOOKUP函数，实现了跨表数据的传递和统整，为高效办公提供了很好的技术支持。概括起来，应用步骤如下：

第一步，选中需要填充的单元格（第一个即可），单击"fx"按钮，选择"VLOOKUP"选项。

第二步，输入查找值，数据表，列序数，FALSE，单击确定。

第三步，选中单元格右下角，下拉填充。

技术提示：注意输入函数参数时可以直接利用鼠标选中需要的单元格，操作更为便捷。同一个Excel文件内跨Sheet进行数据传输需要在查找区域中输入Sheet名称。

📦 **拓展提升**

◎任务◎

现在有一场年级作文比赛，每个班级学生自主报名参加。整个年级参加人数8名，主表内容是年级参与报名的人员名单表，有"学号"列、"姓名"列、"性别"列和"成绩"列。其中"性别"列、"成绩"列空白无内容。副表内容是B班参加作文比赛的成绩记录，有"学号"列、"姓名"列、"性别"列和"成绩"列，参加了作文比赛的学生"成绩"列记录了比赛成绩，如图5所示。请使用VLOOKUP函数在主表中填充学生的性别和成绩。

图5　VLOOKUP函数的应用

专题40　巧用PPT"重用幻灯片"功能合并多个课件

"博雅班"计划在班级举办一次个人风采的展示活动，全班有8名同学将给大家做精彩展示。大白老师要求每个人准备一个有个性的PPT，然后各自提交给小超同学做整合。当要展示的同学把作品提交过来后，小超同学在整合的时候却遇到了一些问题。当他把同学们的PPT页面全选复制后粘贴到了同一个PPT后，发现很多同学的页面发生了变化，先前的模板未加载。这让小超同学十分纳闷，他请教了大白老师，找到了问题所在。经过大白老师的指导，快速实现了保留同学们PPT页面模板的统整。那么，小超同学是如何实现多个不同风格幻灯片页面统整的呢？本节内容就来揭晓"秘诀"吧！

解决对策

小超同学之所以通过惯用的复制、粘贴没能实现不同幻灯片页面的统整，原因就在于各自的幻灯片采用的模板不同。每个幻灯片都有各自的模板和板式，普通的复制只能实现图文的拷贝，但是无法拷贝模板，从而造成了页面的改变，有时也会出现排版的错乱。

保留PPT页面原模板的整合可借助"重用幻灯片"功能，只需要掌握几个操作技巧，就可以实现多个幻灯片的原版整合。

相关知识

重用幻灯片："重复使用幻灯片"的意思，是PPT中的一个非常实用的功能，可以实现多个PPT页面的复制。这种复制不会改变原有PPT的模板和版式，可以将多个PPT实现统整。

案例精讲

◎实践过程◎

小超同学共收到了8名同学的PPT，他只需要按照事先安排好的展示次序，使用"重用幻灯片"功能即可实现整合。为了清晰演示实现步骤,这里自制了两个非常简单的PPT,它们的封面背景都是从母版设置的,文字都设置了丰富的动画进入效果。

1. 将所有需要整合的PPT先保存到一个文件夹中,并按照展示次序命名,这样方便后续的整合。

2. 打开第一个要展示的小明同学的PPT,然后单击菜单栏的"插入"→"新建幻灯片"→"重用幻灯片"。单击"重用幻灯片",如图1所示。

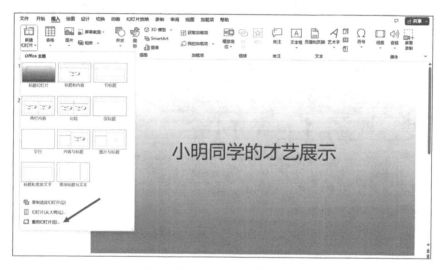

图1 单击"重用幻灯片"按钮

3. 启动"重用幻灯片"后,在右侧会出现其功能面板,单击"浏览"按钮,将第二位同学的PPT加载进来,如图2所示,就会显示所有的页面。这里在整合前,一定要记住在面板下方给"保留源格式"打钩,否则不会按原版PPT加载。

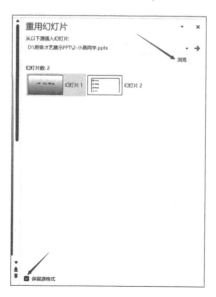

图2 插入第二个源幻灯片

4. 将第一个幻灯片置于最后一张，然后依次单击右侧幻灯片的页面，即可按照单击次序依次加载进来了。如图3所示。

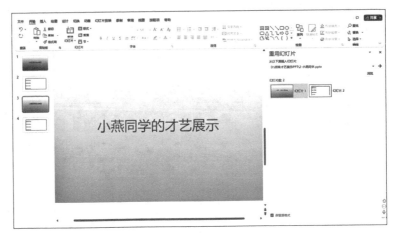

图3　依次加载第二个幻灯片的页面

5. 如果还需加载其他PPT，可按照如上步骤重新加载PPT页面，再依次单击整合。这样就实现了多个PPT保留源格式的整合。

要点总结

"重用幻灯片"是一种很特别的幻灯片页面复制，在整合页面时，务必记得要在"重用幻灯片"功能下方的"保留源格式"打钩。此外，每整合完一个PPT，都要细心检查下是否有页面的错乱。

拓展提升

◎任务◎

请选择某一个学科的多个PPT，使用"重用幻灯片"功能，按照该学科教材编排次序把它们整合，形成一个专题PPT。

专题41　PPT中快速实现电子相册的制作

　　每学期临近尾声，娜娜老师都会对"博雅班"同学一学期的精彩瞬间做"动情"回忆。她积累了很多张学生成长点滴的电子照片，想在班会课上把这些照片插入到PPT中给同学们做"追忆"展示。然而逐张插入到PPT，既浪费时间，又容易出错。后来经过大白老师的技术支持，娜娜老师很快就做好了这个PPT。那到底如何快速实现电子相册制作呢？

解决对策

　　娜娜老师遇到的技术问题主要有两个：其一，将多张图片批量导入PPT中；其二，应用自动排版的功能实现PPT多张图片排版。解决以上技术问题只需要以下三个步骤：首先，将自己的所有图片整理到一个文件夹中；其次，借助PPT中的"新建相册"功能实现照片的批量导入和排版；最后，设置图片动画效果和页面切换效果，就可以快速实现电子相册的制作。

◎工具软件◎

　　软件名称：Microsoft PowerPoint 2010及以上版本。

相关知识

　　PPT排版一般有四大原则，包括对比原则、对齐原则、亲密原则和重复原则。其中对比原则主要是通过一定的方式与方法，让观众能第一时间明白你讲的是什么以及重点是什么，分清主次。对比通常情况下有大小、字体、明暗以及虚实等方面。对齐原则的目的是使每个元素在页面上达到有序性，让整个页面更具有设计感，符合人们观看或者阅读的需要。亲密原则就是将相关的元素组织在一起，可以增强页面逻辑性，便于阅读，使版面更集中、更有"呼吸感"。在排版上，要求符合阅读逻辑，远近距离符合一定的规则，既不能太远，也不能太近。重复原则可以使每个元素在页面上的呈现显得整体规整，具有一致性。例如，在PPT作品中每一页固定位置放置logo、校徽等。

◎ **案例精讲**

◎ 素材准备 ◎

为了顺利完成作品，娜娜老师需要先将自己拍摄的照片进行整理，选择清晰美观的照片，并将所有照片放入到一个新的文件夹中，做好PPT电子相册制作的准备工作。

◎ 实践过程 ◎

1. 打开PowerPoint软件，新建一个空白幻灯片，在菜单栏中选择单击"插入"→"相册"→"新建相册"，弹出相册窗口，方法如图1所示。

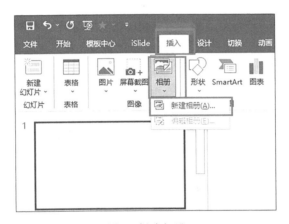

图1　新建相册

2. 单击选择"插入图片来自"→"文件/磁盘"，弹出图片选择窗口，运用鼠标拖动全选或者"Ctrl+A"批量选择文件夹中的所有图片，单击"插入"，完成图片批量导入到幻灯片中，方法如图2所示。

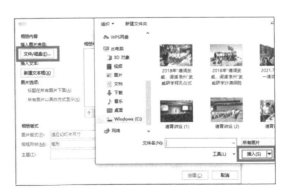

图2　图片批量导入

3. 如果需要在PPT中插入文本对图片进行说明，可以选择"插入文本"→"新建文本框"，就可以在相册中的图片列表上看到文本框。勾选序号前面的方框可以对图片和文本框的顺序进行调整或者删除，方法如图3所示。

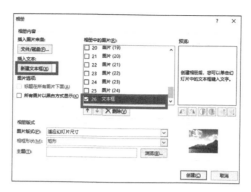

图3　插入文本框

4. 在"相册版式"模块，选中"图片版式"下拉列表，可以对图片的版式进行调整，可以选择单张照片适应幻灯片尺寸，也可以是1张、2张、3张、4张图片或带标题等不同版式，方法如图4所示。

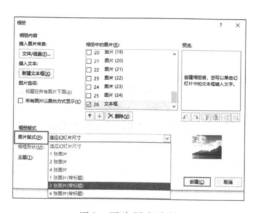

图4　图片版式选择

5. 单击"相框形状"设置相框，相框形状中预设了矩形、圆角矩形、简单框架白色、简单框架黑色、复杂框架黑色、居中矩形阴影、柔化边缘矩形7种相框形状，可以自行选择一种，方法如图5所示。

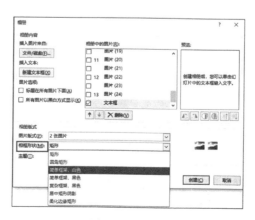

图5　相框形状

6. PPT还可以选择预设主题来创建相册，单击"主题"→"浏览"，会弹出PPT中预设的主题模板窗口，可以直接选择PPT中预设的几种主题模板，将电子相册设置统一的主题颜色和效果，如图6所示。

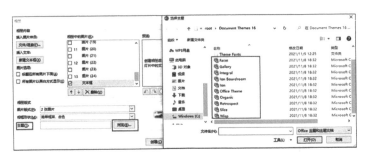

图6　主题模板

7. 完成新建相册、图片导入、相册版式、主题模板的设置后，单击"创建"按钮，就会自动生成一个图片PPT。如本例中每页PPT中包含两张照片，并嵌套了主题模板。作品效果如图7所示，我们还可以添加幻灯片切换和动画效果，让电子相册更加生动出彩。

图7　作品生成效果图

要点总结

本专题主要学习了在PPT中快速完成一个电子相册的制作，培养了信息的整合与加工能力，为教学提供了很大的帮助。本专题的技术应用步骤可总结为以下两步：

第一步，整理素材，对需要批量导入PPT中的图片进行整理，确保图片清晰可见，并将其归纳到一个文件夹中。

第二步，效果设置，在PPT新建相册功能中对图片插入方式、图片顺序、相册版式、主题模板进行设置，完成图片批量导入，创建电子相册。

拓展提升

◎任务◎

请选择自己最近旅游外出时拍摄的照片，制作一个旅游电子相册PPT，要求排版统一简洁，色彩搭配美观，并在每页相册中加入一个文本框，标注文字说明，请结合今天所学的相册设置，发挥你的创意吧！

专题42　个性化字体让课件更有感染力

■ **问题情景** ■

　　娜娜老师制作的教学课件非常精美，每次上课的时候都会让同学们感到耳目一新。大家对比了多个课件作品后发现，娜娜老师的教学课件除了内容设计精美适当、动画制作科学合理、图文排版和颜色方案恰到好处外，个性化字体的设置很有特色，让整个课件显得与众不同，非常具有感染力，同学们在学习知识的同时也感受到了个性化字体的魅力。国庆节要到了，小虹同学也想制作一个具有漂亮字体的国庆节主题课件在班会课上展示，让我们来看看娜娜老师是如何教她完成的吧！

解决对策

　　小虹同学只需要在互联网上找到需要的漂亮字体并下载到本地，然后将字体文件安装到指定目录，这样就可以正常使用了。是不是非常简单呢？

◎字体资源◎

　　可通过字体网站下载字体，如"51FONT free""字如网""字体视界""字体天下"等，也可在微信中搜索自己需要的字体进行安装。

◎主要功能◎

　　可通过字体库网站将已有的各种字体下载到本地进行安装。安装完成后即可轻松使用个性化字体进行文字编辑。

相关知识

　　字体设计：随着计算机时代的到来，字体库已成为人们工作和生活的一部分。一款字库的诞生，要经过字体设计师的创意设计、字体制作人员一笔一画地制作、修改，技术开发人员对字符进行编码、添加程序指令、装库、开发安装程序，测试人员对字库进行校对、软件测试、兼容性测试，生产部门对字库进行最终产品化和包装上市等诸多环节。字体的字形以及编码也要遵循国家语言文字的相关规定，保证字库产品符合标准。开发一款精品字库，往往往需要付出2~3年的艰苦努力，是一项需要投入各种人力、物力、财力并且充满激情和创造性的工作。

Fonts文件夹：也就是字体文件夹。要安装某种字体只需将字体文件复制到该目录下安装即可。计算机中用到的所有字体都被存放在这个文件夹下。其中英文的字体类型较多，而简体中文字体包括仿宋体、黑体、楷体、宋体和新宋体等类型，采用计算机编码中的GB2312。字体文件夹一般存放的目录为C：\Windows\Fonts。

案例精讲

◎**实践过程**◎

一、字体下载

打开字体库网站51FONT free，使用条件"全开放不限制免费商用""简体中文"进行检索，如图1所示。

图1　51FONT free主界面

筛选出需要下载的"演示秋鸿楷"字体，单击"字体下载"按钮。如图2所示。

图2　确定需要下载的字体

在打开的下载页面，单击"本地下载"，输入验证码下载保存到本地。如图3所示。

图3　本地下载

二、字体安装

解压缩已经下载保存的字体库，打开字体文件夹，复制"*.ttf"格式的字体文件，如图4所示。

图4　复制字体文件

打开计算机的字体库文件夹，路径为C：\Windows\Fonts，将复制的字体文件粘贴到此文件夹中进行自动安装。如图5所示。

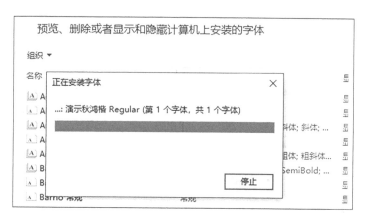

图5　安装字体文件

如果需要一次性安装多个字体，就可以通过上面的方法完成。如果只需要安装一个字体，则可以通过双击打开字体文件，单击上方"安装"按钮直接安装。如图6所示。

图6　安装单个字体

当然，如果需要删掉某种字体，则可以打开路径C：\Windows\Fonts，在需要删除的字体上右键单击，选择删除，确认删除即可，如图7所示。当删除了这种字体后，计算机中应用了这种字体效果的文字则会失去原有效果。

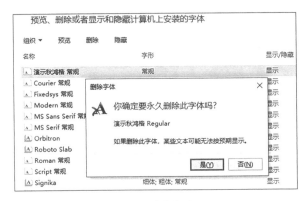

图7　删除字体

安装完成后即可在PowerPoint的字体选择列表中找到安装好的字体进行使用了。如图8所示。

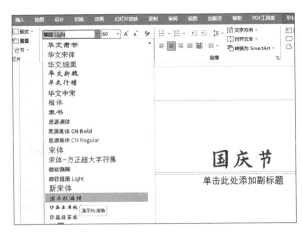

图8　应用字体

三、防止字体丢失

完成的课件作品复制到别的计算机打开后发现，原来设置的个性化字体效果全部会丢失。这是什么原因呢？

每台计算机上都默认安装有常用的字体，如宋体、楷体、黑体、仿宋等。但是如果文件中使用的字体在其他计算机上并没有安装，这就需要专门进行设置，防止字体丢失的问题出现。

在使用PowerPoint或者WPS进行课件制作时，如果用到了不常用的字体，可以通过"文件→选项→保存"选项中设置"将字体嵌入文件"。这样当在别的计算机上打开课件的时候所有的字体效果将完美呈现。如图9所示。

图9　应用字体

四、一键替换字体

如果课件中的某种字体效果不理想，需要替换为其他字体，可以通过"开始"选项卡中的"替换字体"命令一键替换为目标字体，无须逐个设置。如图10所示。

图10　替换字体

要点总结

本专题主要学习了字体的下载、安装、应用等方法，掌握了用个性化的字体表达信息的趣味性，为有效提升PPT的质量提供了一种可行方法。

使用个性化字体的技术要点：下载字体→复制字体文件→打开Fonts文件夹→安装/删除字体文件→使用字体/替换字体→"保存"选项中设置"将字体嵌入文件"→保存。

技术提示：

（1）下载和使用字体时请使用正版字体并注意能否商用。

（2）同一台计算机只需拥有常用字体即可，不要安装太多字体，否则会拖慢系统启动速度，找起来也会比较麻烦。如果确实需要较多字体，可通过字体管理软件进行管理。

拓展提升

◎任务一◎

请上网下载安装2～3种喜欢的字体，将其应用在自己制作的演示文稿中，并练习"一键替换字体"，看看更换不同字体的显示效果。

◎任务二◎

在其他软件如Word中查看安装的个性化字体是否能够使用，并设置保存选项"将字体嵌入文件"，然后在其他计算机中打开此文件，查看字体效果是否正常。

专题43　用PPT课件制作微课小技巧

　　人工智能作为科技创新产物，在促进人类社会进步、经济建设和提升人们生活水平等方面起到越来越重要的作用，为了提高课堂的学习效率，让学生及时了解人工智能方面的知识，娜娜老师想快速用软件制作人工智能方面的微课，让学生提前学习。经大白老师指点，她掌握了用PowerPoint自带的录屏功能快速录制微课的技术。

解决对策

　　娜娜老师遇到的技术问题主要是如何用PPT自带的录屏功能快速录制一节微课，这节微课主要用于学生的课前预习。PPT作为一款专业的多媒体演示工具，不仅可以用来制作多媒体课件，还可以用来快速制作"录屏式"微课。PowerPoint 2019及以上版本就能实现录课。

◎工具软件◎

软件名称：PowerPoint 2019（以下简称PPT）。

相关知识

　　母版：版式的底版，在母版出现的画面元素（比如logo），在版式上都会出现。母版一般只有一个，但版式可以有若干个，多个幻灯片可以使用同一个版式。

　　母版与版式是什么关系？

　　母版控制了所有版式；每个版式控制了所有使用该版式的幻灯片。例如，母版上放置了某个logo，所有的版式就有该logo，所有幻灯片也就会有logo。又例如，母版为空，某个版式有logo，所有使用该有logo版式的幻灯片都会显示logo，使用了没有logo版式的幻灯片就不会显示logo。

案例精讲

◎素材准备◎

1. 检查麦克风是否可以正常录音。

2. 确保电脑上安装了Microsoft Office 2019软件。

3. 一份PPT格式的精美课件。

◎实践过程◎

一、软件的安装

下载"Office 2019"的安装包，找到安装包中的可执行文件"setup.exe"，右键单击"以管理员身份运行"，按照提示步骤安装即可。安装路径一般保持默认。

二、制作过程

1. 制作课题为《人工智能基础》的PPT课件，认真检查每一页的内容、动画设置等。在快速制作课件的技巧上，要透彻理解幻灯片"母版"的概念，多准备一些经常用到的母版，套用母版速成每一个版面。在课件的设计上要格外注重以下几点：

（1）根据学生的认知特点，认真琢磨课件的色彩搭配，力求文字清晰、画面简约，给人赏心悦目的感觉。

（2）建立课件页面之间的交互性，通过设置"超链接"按钮，可以在幻灯片之间流畅切换，无须退出课件全屏播放模式。

（3）设计好课件的片头、片尾，尽量可以一气呵成完成完整微课的录制。

2. 在菜单栏里单击"录制"，即可看到多个录制的功能项。其中，"录制"表示对幻灯片页面进行演示与讲授同步录屏，可以选择"从当前幻灯片开始"，也可以选择"从头开始"。如图1所示。

图1　单击"录制"按钮准备录制

3. 单击"录制"按钮后，稍等片刻，即可弹出录屏面板。面板集成了多色画笔、翻页按钮、录制按钮等，右下角显示了麦克风、视频等设置按钮。依次"打开麦克风"，如果想让讲课者出镜，就单击"启用照相机"，否则就"关闭照相机"，可以单击"打开照相机预览"观看效果。

在正式录制微课之前，请确保关闭一些无关的聊天软件，一定要注意调整好自己的状态，语言力求简洁、讲解清晰，最好提前准备好讲稿。如果教师要打开摄像头录制，就应该注重自己的形象，身后的背景尽可能简单无干扰。

4.单击左上角的红色录制按钮，即开启录制，将对每一页幻灯片进行录制。

如果关闭了摄像头，录制结束后就会在每一页上出现一个小喇叭图标；如果开启了摄像头，录制结束后就会在每一页上出现头像视频。这里我们关闭摄像头，只开启麦克风。

5.录制结束之后，可以通过单击小喇叭（小视频），再单击播放按钮进行试听，也可以单击重播按钮进行试听。

6.对于录制效果不好的幻灯片，可通过"清除"按钮清除，可以清除当前幻灯片上的记录，也可以清除所有幻灯片上的记录，然后重新录制，直到满意为止。

7.最后，导出含有录制内容的MP4视频，即完成微课作品的制作。

生成的视频是按照每一页的录制效果导出，为了保障整个页面切换的流畅性，建议在录制前，不要给幻灯片页面设置切换效果，确认所有的页面切换效果为"无"。

要点总结

通过利用PPT2019自带的录屏功能快速完成微课的录制，学习了PPT2019软件相关的知识点，为老师们制作PPT微课提供了很大帮助，有效提升了课堂效率。概括起来，速成微课的步骤有以下四步：

第一步，准备好制作微课的PPT课件。

第二步，单击录制，进行每一张幻灯片的录制，人物想出镜，就单击"启动照相机"，不想出镜就关闭照相机。

第三步，对录制的每一页幻灯片试听，清除不满意的幻灯片记录，重新录制，直到满意为止。

第四步，导出视频。

拓展提升

◎任务◎

请选取所任教学科某一章节的内容，制作精美的课件，从片头开始进行讲授，要求打开摄像头，录制头像，待完成所有页面的录制后，最后导出视频。也可将课件分享给学生，教会学生录制微课的技术，让学生以"教师"的身份完成微课的制作。将制作好的微课用于课前预习、课堂讲解或课后复习。

模块四
AI 应用

　　人工智能，简称AI，是社会发展和技术创新的新型产物，是促进人类进步的重要技术形态。AI正在越来越深远地影响着各个行业，教育行业也不例外。本模块将从AI图像识别技术、AI语音识别技术两个方面，精选了三个专题，就AI技术在教师办公与学生学习中的典型应用做了很好的示范。

图像识别

专题44　巧用在线智能平台快速生成PNG透明背景图片

问题情景

　　小虹同学最近很想念远在老家的爷爷和奶奶，还有一条她在老家收养的流浪狗。这条流浪狗是小虹同学从麦田里捡回来的，陪伴了她整个暑假。后来，她因返城上学，依依不舍地离开了老家。下周班会课，班主任让多名同学讲述自己和小动物的故事，小虹名列其中。然而，她在制作PPT封面页的时候，很遗憾地发现，手机里没有一张和小狗的合影，只有一张给小狗拍的照片。她找到了一张自己比较满意的单人生活照，于是突发灵感，想着采用智能抠图技术，让她和小狗实现同框"团圆"。那么，小虹是如何完成这个任务的呢？

解决对策

　　小虹同学遇到的技术问题为：如何智能处理人物生活照和动物照，变为透明背景的PNG素材图片，然后将抠出的PNG素材插入PPT演示文稿。图片抠背景有许多可以实现的方法，而基于AI图像处理技术的一些平台备受推崇。本节专题将为大家介绍这样一个功能强大的平台，会让图片抠图变得简单而有趣！

◎平台介绍◎

　　平台名称： removebg。

　　功能介绍： 该网站是一个功能强大的AI抠图平台，可在线实现人像照片、动物图片、物品图片的背景快速去除。其界面简洁，功能一目了然，只需要上传图片，它就会利用AI技术全自动、精准地抠掉背景，几秒钟就生成一张移除背景后的PNG透明背景主体图片。如果想编辑新的背景图片或背景颜色，平台也完全可以做到秒换背景。

相关知识

图片格式：计算机存储图片的格式，可分类位图和矢量图两大类。常见的图片存储格式有 BMP、JPG、PNG、TIF、GIF、RAW、WEBP、SVG等。

PNG图片：一种常见的位图图片格式，背景透明或半透明，亦可定义为"去背景图片"，便携式网络图形（外语简称PNG，全称Portable Network Graphics）。PNG格式图片采用无损数据压缩算法，压缩比高，生成文件体积小。网络通信中因受带宽制约，在保证图片清晰、逼真的前提下，优先选择PNG格式的图片。PNG支持对原图定义256个透明层次，使得图像的边缘能与任何背景平滑融合，这种功能是GIF和JPEG没有的。PNG同时提供 24位和48位真彩色图像支持以及其他诸多技术性支持。相较于其他类型的图片，这种没有背景的图片更容易植入设计应用之中。在PPT设计中，普通图片和PNG格式的图片往往带给人不同的感官体验。

案例精讲

◎**实践过程**◎

在了解了网站功能后，我们一起和小虹同学巧用平台快速生成PNG透明背景图片吧！

一、准备工作

人物照、动物照各一张。

二、技术步骤

1. 打开"removebg"图片背景消除网站。

2. 进入网站首页，点"上传图片"或直接"拖放一个文件"到此页面。如图1所示。

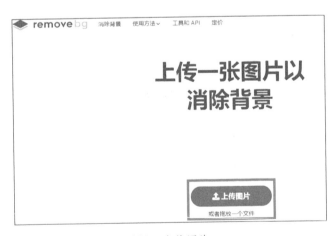

图1　上传图片

3. 也可以先复制图片，巧用"Ctrl+V"粘贴，将要处理的图片导入页面。

4. 稍等片刻后网站自动抠图并跳转至"已消除背景"页面，照片从"原始图"自动处理为"已消除背景"PNG格式图片。如图2所示。

图2　人像抠图

5.单击"下载"按钮，将图片保存为本地文件，如图3所示。

图3　下载处理后的图片

6.用同样的方法快速抠出小狗主体PNG背景透明图片，并保存为本地文件，如图4所示。

图4　动物抠像

7.将抠出的人物、动物PNG透明背景图分别插入到PPT，调整至合适的大小和适当位置，如图5所示。

图5　将处理的PNG图片插入PPT

要点总结

"图片去除背景在线网站"借助数字手段为我们的生活、学习提供了便利，解决了技术难题，有效提升了信息素养的必备技能。在用此平台进行抠图时，需要注意以下几点：

1. 此抠图网站需要联网在线智能抠图。

2. 尽量选择主体较为突出的图片。

3. 如果需要抠出背景较复杂的图片，可以反复多尝试几次。

4. 根据图片处理的难易程度不同，网站抠图所花费的时间不同，等待即可。

5. 图片处理后自动生成PNG透明背景图片，可灵活应用在不同设计场合。

拓展提升

◎任务一◎

请在网上搜索一些动物、植物等多元化图片，抠出主体内容，结合自己的创意设计，制作一张"保护生态环境"的海报。做完后与同学或者同事分享。

◎任务二◎

"图片去除背景在线网站"不仅可以智能抠图，还能给生成的透明背景图片一键添加"背景图片"或"背景颜色"，单击"编辑"按钮，选择"照片"或"颜色"，背景快速自动填充。以个人证件照为例，如图6所示。

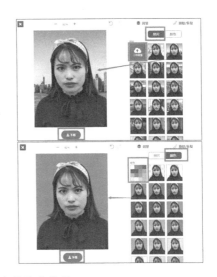

图6　智能填充背景

综上所述，巧用在线智能平台可以快速实现一键抠图秒换背景。请结合实际需求将自己的证件照分别修改为蓝色、白色、红色背景或设置个性图片背景。

专题45　巧用百度AI识图实现图片收集和文字提取

问题情景

　　为了全面提升学生的信息素养，学校组织了以"弘扬优秀传统文化"为主题的电子书设计比赛。擅长信息技术的小超同学，早早报了名，准备大显身手。他在准备的过程中，要用到很多纸质书上面的文字供参考和网上相关的图片素材供排版。由于时间很紧，他计划用最少的时间录入所用到的文字，并且收集尽可能多的图片素材。经大白老师的推荐，他学习到了很多用以解决这些问题的小技巧，顺利完成了素材的搜集整理工作。

解决对策

　　小超同学想要解决的问题，可以概括为两个，问题1：从网上如何找到多张相似主题的图片素材？问题2：如何将书籍或者图片上的文字变为电子版可编辑的文案？要想利用最少的时间解决这两个问题，其实只要掌握了电脑端的"百度识图"功能和手机端的百度APP"百度识图"功能即可快速高效解决这些难题。

◎平台介绍◎

　　百度识图是一款基于内容的图像搜索（CBIR）引擎。不同于传统图像搜索引擎依靠用户输入关键字进行搜索，百度识图允许用户上传本地图片或输入网络图片的URL地址，通过对相应图片进行图像特征抽取并进行检索，找到互联网上与这张图片相同或相似的其他图片资源，同时为用户找到这张图片背后的相关信息。主要功能有：相同图像搜索、全网人脸搜索、相似图像搜索、图片知识图谱和识图浏览器插件等，手机APP还延伸了识万物、翻译、识文字、答疑、识货。

相关知识

　　1. 知识图谱（Knowledge Graph）：是通过将应用数学、图形、信息可视化技术、信息科学等学科的理论与方法与计量学引文分析、共现分析等方法结合，并利用可视化的图谱形象地展示学科的核心结构、发展历史、前沿领域以及整体知识架构达到多学科融合目的的现代理论。知识图谱是下一代搜索引擎的趋势，通过更精确的分析和结构化的结果展示，更智能地给出用户想要的结果。

2. 图片URL（Uniform Resource Locator）地址：指图片在互联网上的具体地址。不光网站有网址，图片也有其地址。URL即统一资源定位器，是Internet上用来描述信息资源的字符串，通俗地称之为网络地址（网址）。

案例精讲

◎素材准备◎

安装有"百度APP"的手机、用到的纸质版书籍。

◎实践过程◎

1. 打开百度网站，找到"按图搜索"功能按钮，单击该按钮。或直接打开百度识图的网址进入即可。

2. "按图搜索"有三种方式，分别是：在文本框中粘贴图片的网址、拖拽图片和选择文件，根据实际情况选择其中的一种即可。

3. 以第一种方式为例，只要在文本框中粘贴完整的图片地址，按"百度一下"即可完成搜图，然后选择下载自己需要的图片即可。

说明：图片地址的获取如图1所示，在网络图片上单击鼠标右键打开快捷菜单，点击"复制图片地址"即可，如果没有这个命令的打开"属性"，在"属性"对话框中复制图片地址，如图2所示。

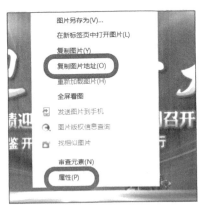

图1　图片地址

图2　图片属性中的地址

4. 打开手机"百度"APP，如图3所示，单击相机按钮，进入"百度识图"，在②中，选择"识文字"，在"识文字"的时候，一种是直接拍照识别，另一种是使用手机相册已有的图片进行识别文字，我们选择了拍照识别，③中选择"复制到电脑"，④复制链接地址，并给出了验证码，在电脑端用浏览器打开复制的链接地址，在⑤中输入验证码，即可将图片上的文字识别后发送到电脑端，如图4所示。单击"全部复制"，再打开文字编辑软件，粘贴文字进行编辑修改。这样提取图片文字的工作就完成了。

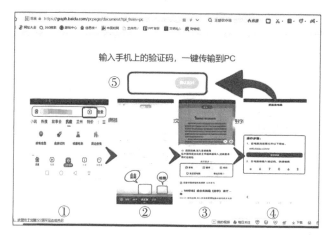

图3　提取图片上的文字

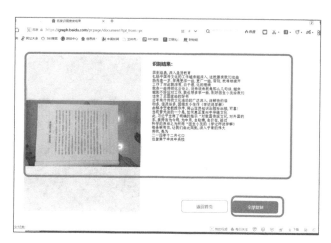

图4　文字提取结果

要点总结

结合平时的操作经验，在使用百度识图功能的时候，需要注意以下几个问题：

1. "按图搜图"方式是在找到的图片与要求不相符的情况下进行的二次精细化搜图，也就是说这个功能是在已有图片的基础上使用的。

2. 为了让识图体验更加完美，浏览图片的时候可直接截屏并发起识图搜索，可以省去下载图片或拷贝图片URL的麻烦，可以下载"百度识图"插件安装即可。

3. 图片文字的提取，目前只支持手机百度APP，先用手机将要提取的文字拍照存放在手机相册，也可以直接拍照识字，拍照时一定要清晰，否则会影响识字的准确率。

拓展提升

◎任务一◎

利用"百度识图"的"全网人脸搜索"功能在网上进行搜索，看会出现什么让自己惊喜的结果。

◎任务二◎

"识文字"只是百度APP识图功能中的一项，该APP的识图功能中还有好几个有意思的功能，如"识万物""识货""翻译""人脸"等，选择你感兴趣的功能体验一下。

语音识别

专题46　AI语音识别技术助力高效有趣的英语学习

问题情景

　　学校一年一度的英语演讲比赛终于落下了帷幕，"博雅班"的小虹同学获得了全校一等奖的优异成绩。在英语课上，老师向小虹同学表示了热烈祝贺，并邀请她给全班同学做了经验分享。小虹同学先是用一段流利的英语谈了自己学习的心得，然后现场通过教室的多媒体电脑给大家演示了自己的学习"秘诀"。那么，小虹同学到底给大家分享了什么样的学习"秘诀"呢？本专题内容就让我们来详细揭晓。

解决对策

　　小虹同学在用"讯飞语音输入法"练习汉字的快速输入时，惊奇地发现该输入法还可以快速输入多种语言，包括英语、日语、韩语等，这让她喜出望外。于是，她拿出英文课本开始朗读语段，只要有发音不准确的或者错误的，录入的单词或句子就会和原文有明显差别，这让她很快找到了自己的问题所在。接着，她又安装了一款专业的英文翻译软件"网易有道词典"，巧妙结合"讯飞语音输入法"，可以很好地实现口语训练、发音纠错、语段翻译等综合学习。后来，她又乐此不疲地用"网易有道词典"中的"语音同传"功能全方位训练出了专业的口语表达能力，取得了很好的学习效果。

◎软件介绍◎

　　软件1：讯飞语音输入法。

　　该软件是科大讯飞推出的一款输入软件，集语音、拼音、手写、拍照、AI助手等多种输入方式于一体。软件的功能不断加强，不仅支持多种语言的输入，还支持多种方言语音、民族语言语音的输入。"随身译"功能非常实用，可实现多种语言的即时互译。

　　软件2：网易有道词典。

　　该软件是由网易有道出品的全球首款基于搜索引擎技术的全能免费语言翻译软件。软件集合了多部权威词典数据，词库大而全，查词快且准。软件涵盖了丰富的原声视频、音频例句，覆盖了海量词条和海量例句，集成了中、英、日、韩、法等多语种专业词典，只要切换语言环境，即可快速翻译所需内容。

相关知识

1. 语音识别技术

语音识别技术，又称为自动语音识别（Automatic Speech Recognition，ASR），它是以语音为研究对象，通过语音信号处理和模式识别让机器理解人类语言，并将其转换为计算机可识别的数字信号的一门技术。语音识别技术在生活中的应用已经非常广泛，在车载导航、智能家居、日常办公等领域都有所涉及，给人们的生活带来了越来越多的便利。

2. AI同声传译技术

AI同声传译，简称"AI同传"，是指用AI的方式将讲话内容不间断地、实时地翻译给听众。其最大的特点在于效率高，译文与原文间隔一般1～3秒，听众可以及时地获取信息，被广泛地应用于重要场合，AI同传的核心技术是语音识别技术（将语音识别转写出来）和机器智能翻译技术（将转写的内容即时翻译出来）。

案例精讲

◎软件学习◎

一、软件安装

1. 讯飞语音输入法的安装

打开讯飞语音输入法的官网，下载最新版的Windows版软件或手机版软件，直接安装即可。

2. 网易有道词典的安装

打开"网易有道"的官网，下载并安装最新版的桌面专业版或手机版，也可以使用网页版。

二、软件功能介绍

1. 讯飞语音输入法相关功能介绍

软件安装完成后，在输入文字的时候，就会显示讯飞输入法专属的工具条。单击工具条上形似麦克风的图标，即可启动语音悬浮窗，如图1所示。

图1　讯飞语音输入法的启动方法

接下来，单击左上角默认的"普通话"字样的按钮，即可展示出讯飞语音输入法的强大功能。它不仅可以语音识别普通话，还可以识别23种地方方言和5种民族语言。可识别的外语语种有12种，可以互译的随身译方式多达24种。如图2所示的外国语言语种。

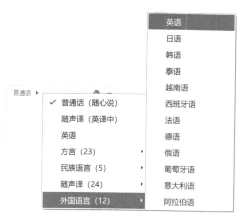

图2　讯飞强大的语言识别功能

2. 网易有道词典相关功能介绍

（1）主要功能简介。

软件启动后就进入了主界面，左侧竖排着所有的工具图标，具体图标的名称这里不再详细介绍，请自主学习，如图3所示。

图3　有道翻译启动主界面

软件提供了多种语言之间的互译，可以就单词、语句等进行标准的发音示范与朗读。如果有文档翻译、英文批改、截屏翻译等方面的需求，软件都免费提供智能的服务。

（2）AI同传功能。

为了能体验到AI同传的乐趣，软件主界面提供了"同传"的入口（如图3所示左下角的位置），单击"同传"就进入了图4所示左侧的主界面，在下面分别有"选择通道""选择声道""选择语言""字幕设置"等功能按钮，根据需求进行设置即可。然后单击右上角的

"开始同传"按钮，即进入右侧的全屏同传页面。图片显示的是"中译英"的同传功能，翻译质量较高。目前，有道同传每天提供1小时的免费服务，非常值得体验和学习。

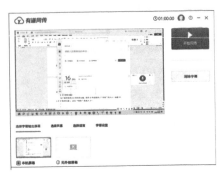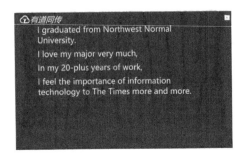

图4 "有道同传"主界面和同传翻译示范

◎实践过程◎

小虹同学在安装了这两款软件后，每天晚上回家做完作业，她都会有目标地展开听、说、读、写、译等方面的综合训练，每次以40分钟为宜，下面就让我们详细了解她的学习过程吧！

一、听译训练

小虹同学为了训练听力，从网上找了许多经典的英文故事的电子版。她将文字复制、粘贴到有道词典中，让其智能生成朗读的音频。然后单击播放音频的小喇叭，就可以听到纯正的英文朗读了。她一边听一边理解语句的意思，把握故事的情节。在听了多遍后，感觉完全听明白了故事，再对照下面的翻译，看听得是否准确。如此经过反复训练，她的听力长进不少，如图5左侧图示。

二、写译训练

小虹同学已经习惯用电脑进行英文写作。每次写完后，她都用有道词典的"智能批改"功能开展智能作文批改，发现问题，会及时进行修改。待作文没有了任何问题，她就返回到翻译界面，验证翻译成中文的准确性。

三、说译训练

讯飞语音输入法到底和有道词典如何巧妙结合使用呢？小虹同学自己摸索出了一个方法。她同时打开讯飞语音输入法和有道词典，然后将自己说的英文通过讯飞智能地转化为电子版，输入到有道的互译文本框中，这样她就可以监测到自己是否存在发音不准确的情况。最后，把自己说的话再通过"翻译"在下方显示出来，如图5所示。

她还每天通过"同传"功能，创设了一个很真实的语言环境，体验语音即时翻译的无穷乐趣。如此反复训练，她的口语能力提升了不少。

图5 说译训练的"同传"示范

要点总结

小虹同学将AI语音识别技术应用到了每天的英语学习中，不仅很好地创设了英语学习的情景，更培养了持久的学习兴趣，显示了AI语音技术的强大作用。信息技术的确在不断改变着我们的学习方式，作为外语老师，建议做如下尝试：其一，积极探索AI技术对学科教学的重要价值；其二，引导学生使用AI技术学会自主学习的能力，真正让语言的学习变得有趣且高效！

拓展提升

◎任务一◎

请你选择一篇难度适中的英文文章，用不同的语速朗读，用记事本记录识别的文字，比对讯飞语音输入法识别的准确度，及时发现自己发音存在的问题并加以纠正。

◎任务二◎

自己用汉语就某一话题写一篇文章，粘贴到有道词典中进行智能翻译，然后对译文从语法、语义等角度进行纠错，形成一篇英语文章。最后，再用"智能批改"功能对文章进行智能批改，看是否还存在若干的语法、语义等问题并加以纠正。

模块五
综合实践案例

在新发布的义务教育课程标准中，跨学科主题学习被提升到了一个新的高度，其将会成为未来教育的热点。STEAM教育顺应了时代发展的要求，为全面提升学生的核心素养提供了全新的思路。本模块精选了三个STEAM课程案例，既有STEAM课程体系案例，也有STEAM课程设计案例，案例植根于科创教育的沃土，为STEAM教育的课程开发与实践提供借鉴与参考。

课程体系案例

案例1　中国未来月球学校基地的三维模型构建
——基于3D打印的STEAM课程体系及实践

一、指导思想

"中国学生发展核心素养"作为国家新一轮课程改革的指导思想，以培养"全面发展的人"为核心，具体表现为人文底蕴、科学精神、学会学习、健康生活、责任担当、实践创新等六大素养。2022年4月，教育部发布了义务教育阶段各学科最新的课程标准，愈加强化了核心素养的重要育人价值。此次新课标有很多的亮点和突破。亮点之一就是：在几乎所有学段的各门课程中，都明晰了跨学科主题学习的内容，通过一体化的课程设计，将跨学科主题学习融入学段衔接，全面推进综合学习。突破之一就是：把原来的"信息技术"课程更名为"信息科技"，并开创性地纳入了国家课程体系，从没有课标到颁布独立课标，信息科技学科完成了从0到1的飞跃。可以说，新课标诸多方面的改进与完善，无不凸显着全新的教育思想和教育理念。

作为唯一以"科技"命名的"信息科技"课程，必将担负起新的教育使命。"信息科技"学科不仅有着丰富的科学知识体系，也有着丰富的技术体系，为开展跨学科主题学习、项目式学习提供了广阔的思路，开辟了科创教育的绝佳途径。

本课程的开发正是以最新版的义务教育课程方案为指导，高度融合"信息科技"课程标准的课程思想，深度融入STEAM教育的理念，以3D打印作为任务驱动的项目式学习，全面提升学生的核心素养。

作为信息科技教师，既要认识到学科发展难得的机遇，又要认识到学科发展面临的挑战。我们要坚定对科创教育的信心，始终坚持核心素养"全面育人"的根本目标，吃透新课标理念，积极思考，扎实实践，通力合作开发出高水准的STEAM课程。

二、科技背景预设

月球是离地球最近的一颗星球，它是地球的天然卫星。人类一直渴望可以透彻全面地认识月球，并且在未来可以科学地开发月球。本课程以科幻的视角预设了未来的科技背景。

（一）世界科技背景预设

2035年，人类终于解决了水、氧气、宇宙射线等问题，突破了诸多宜居月球的关键技术。月球上的资源极为丰富，多个国家决定在月球建立永久性基地，不仅要不断采集矿产资源将其运回地球，而且还要开发前景更为广阔的月球外太空旅游资源。

（二）我国科技背景预设

2035年，我国的深空探测技术取得突破性成就，是世界首屈一指的航天大国。我们伟大的祖国在经历了"嫦娥探月工程"的多次实践后，不仅成功地掌握了航天器的"起、落、回"等技术，而且成功掌握了建设月球基地的3D打印技术、智能控制技术等。国内青年一代掀起了太空探索的热潮，许许多多的青年立志投身于航空航天事业。

为了培养更优秀的太空探索人才，我国决定在月球南极某区域建立第一所月球学校基地，每个在月球学校预设的新学期，会把符合条件的青年学生送到月球学校。他们将在资深月球学校教师的指导下，完成特定课程的教学，度过一段人生无比难忘的学习时光，激发他们对深空探索事业的远大志向！

三、设计原则

本课程作为科创主题的综合实践型课程，其开发的思路始终坚持整体性、阶段性、个性化、前瞻性、综合性和实践性的基本原则。

整体性原则：在课程设计中，必须有一个整体的思路和规划，对时间、内容、总体目标都要有全面的规划，课时与课时之间应当有机联系，不能各自游离。

阶段性原则：课程要有阶段性的学习内容和学习目标，明确各阶段的学习任务。

个性化原则：在任务的设计上，既要有共性的任务，也要有个性化的任务，针对不同学情的学生可以分层设置学习任务，让学生掌握学习的主动性。

前瞻性原则：课程应反映科技领域的先进成果及发展趋势，充分体现科技的力量，为开启学生的前沿思维拓宽空间。

综合性原则：加强各门课程之间的融合，注重课程内容与学生经验、生活的紧密联系，强化学科内知识的整合和跨学科主题学习，强化多学科融合的协同育人功能。

实践性原则：变革育人的方式，充分发挥"做中学""用中学""创中学"的实践育人功能，积极探索新技术背景下的育人方式变革。

四、实施对象与目标

课程主要在哪个学段开设？开设的方式又是怎样的？STEAM课程有哪些特色和创新？课程要达到什么样的目标？这些问题的答案都是课程开发必须要明确的。

（一）课程实施对象与方式

本课程可以作为中小学综合素养提升类选修课，适于在学生社团开设或"双减"背景下课后延时服务的时间段开设。只要课程在难易程度上做适当调整，均可在小学高年级或初中年级开设，建议开设的学段为初中八年级。具体的课时安排在后面将有详细介绍。

（二）课程方案定位与总体创新点

本课程的定位是科创类STEAM课程，将始终以义务教育阶段的课程标准作为指导，坚持目标导向、问题导向、创新导向。要想充分发挥STEAM课程全面育人的根本目标，课程在设计与实施过程中，要努力做好以下几点：第一，要格外关注学生的学习经历和体验；第二，要格外关注教学的过程，不断激发学生的想象力，培养良好的思维方式和学习方法；第三，要格外关注学生个性的健康发展，提供个性化的项目式学习任务，激发学习兴趣，开发学习潜能；第四，要格外关注学生的创新精神和实践能力的培养，重视研究性学习，倡导自主探究、实践体验和合作交流的学习方式，鼓励学生勇于实践、勇于创新。

基于以上的课程定位，课程设计要坚持以学生的全面发展为根本出发点，特提炼出以下课程的创新点。

（1）该STEAM课程植根于3D打印技术，既有创客的工程思维，更有STEAM的跨学科融合理念。在推进"中国月球学校基地三维模型建构"的项目式学习过程中，不断去培养学生的动手能力和想象力，引发学生对未来太空探索科技的无限憧憬。

（2）课程的教学内容非常丰富，让学生系统地学习外太空探索的知识，全面学习月球知识，在基地建设的思路形成中，要将人的生存和安全作为根本立足点，可以持续进行科学分析、科学决策，培养科学精神。

（3）通过课程教学，让学生熟练掌握三维软件的建模技术，准确应用数学知识建立模型，能够形成数学思维、空间思维和工程思维，能够有意愿从艺术角度去审视作品，切实体现STEAM课程全面育人的教育思想。

（三）课程具体目标

1. 知识目标

（1）全面了解人类探月的历史，特别是中国、美国、苏联等国家在探月工程中取得的成就。

（2）学习人类已知的关于月球的地形、地貌、自然环境、水源、矿产资源等方面的知识，为月球学校基地的科学选址、模型设计等做充分的知识储备。

（3）理解马斯洛需求层次理论，从人生存的必备需求角度去提出若干待解决的难题，要始终将人的安全放在第一位，用科学的思维和方法指导基地的建设。

2. 能力目标

（1）培养可以"天马行空"的发散性思维，能够提出一些独特的创意，在月球学校基地的设计上有自己独到的想法。

（2）熟练掌握三维建模软件3D One教育版的基础建模技术，形成一定的空间想象和空间思维能力，能熟练制作出空间模型。

（3）培养全方位的科学思维，能够从科学的角度优化月球学校基地各建筑、各设备的细节设计，可以自圆其说，最终形成可行性的方案。

（4）会交流思想，会沟通评价，能够团队合作，依托团队的力量集思广益，最终整合形成方案。

3. 素养目标

素养是内化于心的持久能力，是真正可以促进一个人全面发展的核心推动力。通过本课程的学习，旨在点燃学生对空间探索的无限兴趣，树立起远大志向，把对空间探索事业的热爱内化为一种理想；通过对互联网大量资源的检索与整理，培养起网络学习的能力，形成较高水平的信息素养；三维软件已经是实现创意的强有力工具，可以很熟练地应用各项建模技术实现创意，在不断实践中，逐渐内化为较高的技术素养；从月球学校基地模型的创意形成到三维模型的构建等一系列过程中，善于优化方案，提升系统分析能力，可以从科学的视角去思考工程建设，不断内化为工程素养；在模型的设计过程中，不仅要注重功能的设计，更要注重作品的艺术性，培养艺术素养。

五、课程结构与课时计划

（一）课程结构图示

课程结构是指课程各部分的组织和配合，即课程内容有机联系在一起的组织方式。本课程紧扣月球学校基地建设及3D打印这个工程目标，有序安排了基础课程、"头脑风暴"课程、实操建模课程、3D打印沙盘课程这四大模块课程，有机地将所有课程内容进行组织，环环相扣，形成了完备的课程体系。课程结构如图1所示。

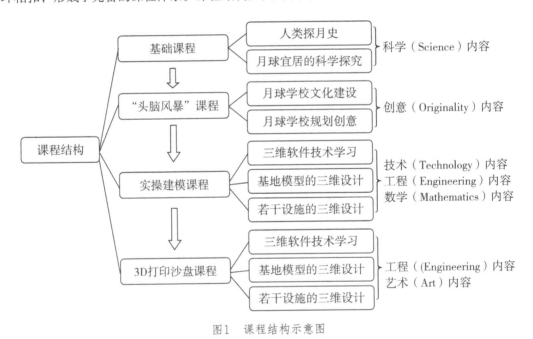

图1　课程结构示意图

（二）课时详细安排

每一阶段的课程都有相应的总课题和细分课题，对细分课题也给出了计划课时，同时对每个阶段的课程按照课程结构进行了细致地划分。

按照表1所示，整个课程实施将按照五个阶段开展，总体概括如下：

基础课程（分第一阶段和第二阶段），计划4课时；

"头脑风暴"课程（第三阶段），计划4课时；

实操建模课程（第四阶段），不少于22课时；

打印沙盘课程（第五阶段），计划4课时。

表1　课程课题与课时安排

学习阶段	总课题	细分课题	所属课程结构	计划课时
阶段一	人类探月之旅回望与展望	月球诞生之谜及人类探月史	基础课程	1
		中国、美国、苏联等国家的探月成就		1
阶段二	月球宜居条件的科学探究	月球地形、地貌、资源等已知知识		1
		马斯洛需求层次理论与人的外太空生存		1
阶段三	月球学校基地的建设构想	月球学校基地的校名、校训、课程等校园文化构想	"头脑风暴"课程	1
		月球学校基地的"中国特色"设计创意		1
		月球学校基地的建设流程构想		2
阶段四	月球学校的三维模型工程构建	3D One软件建模技术学习与强化	实操建模课程	不少于15课时
		月球学校教学楼和封闭走廊的设计		2
		生物基地、户外拓展基地、环形跑道等的设计		2
		月球车及中国飞碟的创意设计		2
		其他创意设计		不少于6课时
阶段五	作品展评及3D打印沙盘模型	作品展示、评价	3D打印沙盘课程	2
		3D打印模型并拼接搭建沙盘		2

按照课程结构的划分，理论部分的内容主要集中在基础课程的模块中，实践部分的内容主要集中在阶段四中，二者课程的比例大概为1:5，侧重以实践为主。

其中，实操建模课程的课时根据学生对建模技术的掌握情况灵活安排，可以采取线上和线下混合式的方式开展建模技术的学习。教师可以提前准备比较系统的微课视频，分享给学生后，学生根据自身的学习情况，开展自主学习。在学校教学中，建议每周安排两课时，一学期安排40课时，完整开展体系化的教学。在课程实施前期，要将三维软件基础技术的学习同步进行，整个基础技术的学习课时不少于10课时。如果学生对建模技术掌握比较好，可以用更多的课时去开展阶段四的模型构建课程。总体来计划，要用一学期40课时完成三维软件的基础技术学习和整个STEAM课程的学习，用不少于25课时专门来开展STEAM课程，具体的课时安排根据学情进行灵活变通。

六、课程内容与实施过程

按照前述介绍，整个课程实施将按照五个阶段开展。下面将详细从课程结构中的基础课程、"头脑风暴"课程、实操建模课程、3D打印沙盘课程等四个方面就每个所属阶段的课程内容和实施过程进行详细阐述。

（一）基础类课程内容

基础类课程共分两个阶段完成：第一阶段的课题为人类探月之旅回望与展望；第二阶段的课题为月球宜居条件的科学探究。

第一阶段课程主要梳理了人类从1609年至今的探月简史，重点通过图片、视频等媒体形式介绍了自1959年以来，中国、美国和苏联各自在探月工程中取得的里程碑式成就。我国虽然在探月工程方面相对起步较晚，但是我国奋起直追，取得了探月工程举世瞩目的成绩。可以预料，我国未来的探月事业将在一代又一代新生航天人努力下荣耀世界、蒸蒸日上！

本阶段课程的第一课时"月球诞生之谜及人类探月史"，教师以一则科普视频导入，给学生展示了月球诞生之谜的几个科学猜想。其中，全球科学界趋向性结论：大碰撞说。在大约45亿年前，有一颗相当火星大小的小行星"忒伊亚（Theia）"和地球正面碰撞，两者碰撞产生的碎片在地球周围形成了早期的月球。

从1959年至1976年，在苏联（U.S.S.R.）17次探测月球计划中，实现了多项第一，包括第一次拍摄到了月球背面（1959年），以及三次采样返回。美国在1961年到1972年组织实施的阿波罗计划，包括了11次载人任务，美国共有6次成功登月。2004年，中国正式启动月球探测工程"嫦娥工程"，从嫦娥一号到嫦娥五号，已经取得了举世瞩目的成就。我国也必将在未来实现载人登月，并建立未来永久性的月球基地。

第二阶段课程是整个STEAM课程的科学基础，为后续月球学校基地的科学构想打下坚实的基础。本阶段课程建议在混合式教学环境下完成，由教师组织学生上网，按照导学案要求，搜索并整理与月球相关的各类知识，建立起完备的月球知识资源库。

个体的人到底在月球上如何才能长久、健康的生活呢？课程由著名的"马斯洛需求"理论引出了人类生存需求的金字塔结构。可以看出，无论是最低层次的生理需求（如食物、水、空气、健康、安全等），还是最高层次的自我需求（如激发潜能、自我突破等），都对实现人类在月球长期生活有着重要的指导意义。图2给出了马斯洛需求层次理论对月球基地建设的重要启示。

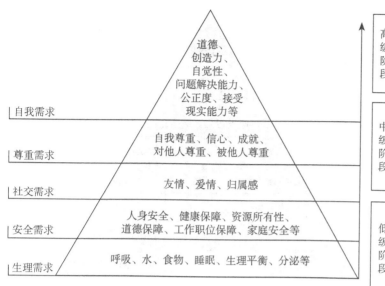

图2 马斯洛需求层次理论对月球基地建设的启示

通过本阶段课程的学习，意在引导学生提出若干人类移居月球的科学问题。比如，人类如何才能批量登上月球？如何在月球上建立安全的庇护所？如何让月球住所持续保持适宜温度？如何利用月球资源制造足额氧气？如何有效预防太空辐射？如何解决失重和月球自转对人体的影响？如何选择安全区域建立宜居的基地？如何解决充足的水源和水的回收利用？如何充分有效利用月球各种资源？

（二）"头脑风暴"类课程

第三阶段课程是整个STEAM课程的关键，学生在全面了解了月球的概况和相关科学疑难问题后，在诸多宜居条件假设成立的前提下，就如何建立我国第一所月球学校基地展开"头脑风暴"，讨论所提出的学校校名、校训、校址、理念、课程等问题，最终确定认同度最高的方案。依据马斯洛需求层次理论，从科学的角度深度思考学校如何去保障师生高、中、低各方面的需求，最后形成月球学校建设的文化构想。

学生通过小组讨论后，教师汇总各小组成员的方案，见表2。

表2 "头脑风暴"生成的校园文化方案汇总表

小组编号	学生编号	校名方案	校训方案	课程方案
1	202101	广寒宫月球学校	放眼宇宙，放飞梦想	我建议开设月球采矿课
	202102	玉兔月球学校	让神奇更神奇，让温暖更温暖	我建议要有专门的月球物理实验课
	202103	嫦娥月球学校	梦想高远，目光深邃	一定要开月球摄影课
	202104	嫦娥月球学校	梦想高远，目光深邃	月球驾驶技术的课，开车去玩

续 表

小组编号	学生编号	校名方案	校训方案	课程方案
2	202105	梦天月球学校	有梦就有天际，有爱就有家园	我想做生物实验
	202106	嫦娥月球学校	执着再执着，先进再先进	我想去挖矿做分析
	202107	华夏月球学校	那里是家，这里也是家	一定要有生物基地
	202108	嫦娥月球学校	心中有温情，梦想无边界	种菜种粮食的课
3	202109	东方红月球学校	祖国的骄傲，宇宙的包容	月球文学课，写月球日记
	202110	嫦娥月球学校	让这里的家园更美	3D打印课，建月球房子
	202111	嫦娥月球学校	坚强自我心，坚持航天梦	我很想做种植实验，必须要有
	202112	圆圆月球学校	飞不完的天际，一直要飞	月球体育课
4	202113	嫦娥月球学校	铸就辉煌基地	我想去采集矿石做标本
	202114	五星月球学校	为祖国荣耀	月球摄影课，拍美丽地球
	202115	嫦娥月球学校	创造奇迹，让梦想飞	月球化学实验课
	202116	嫦娥月球学校	创造奇迹，让梦想飞	我想种月球西瓜
5	202117	星辰月球学校	星辰大海，无限荣耀	月球物理实验课，肯定好玩
	202118	嫦娥月球学校	志向高远，不畏天际	我要种月球土豆和胡萝卜
	202119	嫦娥月球学校	志向高远，不畏天际	月球地理探索课
	202120	嫦娥月球学校	感恩宇宙，感恩祖国	我要去挖矿

学生展开热烈讨论，在教师的引导下，最后以小组辩论的方式确定最终的方案，就校名、校训等形成得出共性方案。

校名定为：中国嫦娥月球学校；校训定为："无畏而深邃，有为且大为"。

月球学校校址首选地定位于南极的"艾特肯盆地"。

那么，学生去了月球学校，应该学习哪些特色课程呢？学生再次开展讨论，教师汇总学生的意见，概括出如图3所示大家都比较认同开设的课程有月球摄影、月球文学、月球拓展训练等。

图3 "嫦娥"月球学校预设课程构想

作为中国第一所月球学校，其工程建设规划就显得尤为重要。教师引导学生分组讨论，就月球学校建筑物的构成、整体的建设创意等，开展更有挑战的"头脑风暴"。教师积极参与每一个小组的讨论，最后做好每个小组的方案汇总。如表3展示了每个小组讨论生成的成果。

表3 各小组对月球学校的建设构想讨论成果汇总

小组编号	各小组对月球学校的建设构想的讨论结果	有无构想图
1	肯定有别于地球上学校的构想，我们设想建立一个大的保护罩，里面有教室、餐厅、宿舍和休闲室，里面整体是一个智能系统，可以调节温度、氧气浓度等，东西南北各有一个通道门，方便外出。建筑物外面要建设一个体育拓展基地，比较平坦，方便在这里上体育课。	有
2	我们认为可以就地取材，用3D打印技术将加工后的月壤变成打印材料，建立多个独立的建筑物，形成保护罩，主教学区一座，住宿区一座，休闲区一座，在地下建立一个连接通道。还要有一个专用操场，供驾驶月球车兜风。在教学区的前面专门设置国旗区，有旗台和旗杆，让五星红旗迎风飘扬。	有
3	我们小组希望未来月球学校建设要突出两点：实用性和安全性。可以考虑用3D工业打印机器人，把月壤和粉碎的岩石加工成打印材料，然后建立结实的保护罩。保护罩里面考虑设计好几层建筑，有教学区，也有休闲区，还有私人休息区。	有
4	我们小组讨论的构想比较特别，如果3D打印建筑物技术很成熟，可以考虑建设五个独立的保护罩，每个保护罩设计成五角星的形状，在最大的保护罩里建设教学区，其他的保护罩里面可以建设休息区、餐厅等。还要有逃生装置，可以遇到紧急情况逃离。再就是建立生物基地，研究如何种蔬菜和瓜果。在月球上一定要自给自足，随时能吃到新鲜蔬菜。	有
5	我们小组认为：一切建筑构想要以安全性作为前提。如果月球挖掘技术有突破，可以考虑用专用工业机器人找到一座大的月球山脉，和打窑洞一样，挖出很大的空间，形成天然的保护罩。然后在里面进行功能划分，安装智能的生存气囊，可以智能维持气体的动态平衡。里面的空间要充分利用，和楼房一样，分层设计各个功能区。在外面，还建设有智能的生物基地，专门种植蔬菜和农作物，可以通过地下通道进入基地。外面还要建环形操场，开车兜风。	有

在组织学生讨论的过程中，教师要不断鼓励学生展开发散性思维，但一定要避免漫无目的的讨论。教师要提前深思熟虑，自己先拿出一个优质的方案，引导学生产生更好的创意思路。在实际教学中，教师也要根据学生的讨论情况不断优化自己的方案，不能用自己的方案去局限学生的思维。教师融合了学生的方案，和学生一起讨论完成了较理想的创意方案，如图4所示。

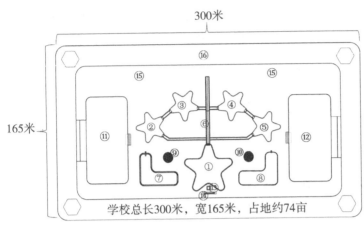

①主教学楼
②住宿楼1
③住宿楼2
④餐厅1
⑤餐厅2
⑥ "中"字封闭走廊
⑦蔬菜种植基地
⑧生物实验基地
⑨左逃逸飞碟
⑩右逃逸飞碟
⑪左户外拓展基地
⑫右户外拓展基地
⑬国旗台
⑭校名台面
⑮太阳能发电机组
⑯环形拓展跑道

图4 "嫦娥"月球学校基地建设规划图

创意方案解读：方案整体以五星红旗为设计灵感，将五颗星进行圆角变形，酷似海星的样子，寓意"星辰大海"。主建筑的俯视图为一个大"海星"，专门用于教学；其他从建筑的俯视图为四个小"海星"，专门用于住宿、就餐和休闲等。主建筑和从建筑通过封闭的专用走廊相互连接起来，从空中俯视去看，整体构造酷似中国的"中"字，向宇宙展示中国的太空探索实力。另外，学校还建有专门的体育拓展基地、蔬菜种植基地、生物实践基地、操场等。在主建筑的正前方，建设有旗台和校牌的大台面。在地下，还计划建设一些专用的通道，用作紧急情况下的安全逃生通道。学校预设建筑实际尺寸为总长300米、宽165米，占地约74亩。所有的建筑设计内外都安装有各类传感器，时刻进行数据监测，一旦出现安全问题就会即刻报警，要始终坚持安全第一的原则，通过智能技术预警充分保证师生的人身安全。

（三）实操建模类课程

本模块包含第四阶段的所有课程，是整个STEAM课程的重点和核心。在"头脑风暴"部分，师生形成了可参照的共性创意方案，突出表现了中国元素，教师要不断对学生的灵感进行凝练，随时进行模型的优化。月空展开的五星红旗成为月球最耀眼的一道风景，时刻展示着我们伟大祖国的科技实力！

软件技术的强化学习是本阶段学习的关键。结合学生的认知特点，三维建模软件选用"中望"3D One教育版，这款软件浅显易懂，非常适合中小学生的学习。软件的学习可以从课程开始的时候同步进行，教师对于每一项软件功能的讲解，一定要结合具体的实例去展开，让学生充分体会"创中学"的乐趣。在所学的软件技术中，教师要紧密结合学生已有的数学基础，强化对数学知识的应用。比如，通过草图绘制的训练，让学生充分体会平面几何和立体几何的变换规律，深入了解空间中点、线、面、体之间的关系。图5列出了该软件学生需要熟练掌握的技术要点。

功能模块	技术要点	难易程度
基本编辑	移动 缩放 阵列 镜像	容易
基本操作	自动吸附 组合编辑 距离测量 显示/隐藏几何体	容易
基本实体	六面体 球体 圆环体 圆柱体 圆锥体 椭球体	容易
草图绘制	矩形 圆形 椭圆形 正多边形 直线 圆弧	容易
	多线段 通过点绘制曲线 预置文字	较难
草图编辑	链状圆角 链状倒角 单击修剪 修剪/延伸曲线 偏移曲线	容易
特征造型	拉伸 旋转	容易
	扫掠 放样 圆角 倒角 拔模	较难
特殊功能	抽壳 扭曲 镶嵌曲线	较难
	实体分割 锥削 曲面分割 投影曲线	较难

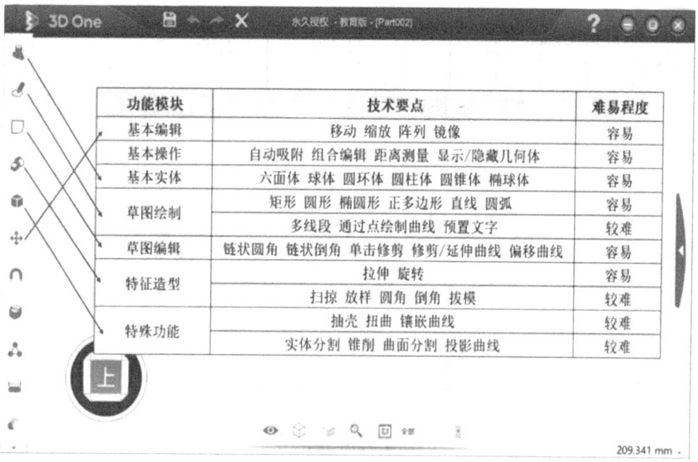

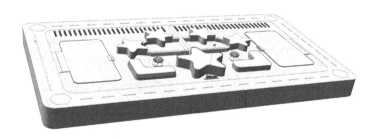

图5 “中望”3D One教育版软件所学技术汇总

三维模型的构建需要有数据和数学知识的强有力支撑，所以在建模前期，教师要引导学生去解决一系列的数据换算问题，为模型的构建做好准备。教师要教会学生用Excel软件完成统计计算的技术，着力落实好信息技术应用能力提升的培养目标。

依照工程规划图，为了完成整个月球学校基地的三维模型构建，教师需要分解模型，就各个独立的模块展开科学分析和设计。教师一定要对学生特别强调：月球属于外太空环境，近乎真空状态，完全不同于我们的地球环境，所以每一个建筑物模块的设计要严格遵从其科学性，任何设计的思考要尽可能以科学性为前提，脱离了特定环境下的非科学设计注定是失败的。

为了说明后续各分模型的设计细节，图6先展示最后形成的嫦娥月球学校基地的完整参照模型。

图6 “嫦娥”月球学校全景三维效果图

嫦娥月球学校没有任何围墙，主教学楼的正前方是旗台和旗杆，校名台面位于旗台正前方，五星红旗“飘扬”在月球上空。师生每逢地球上的月圆之夜，都要举行庄严的升旗仪式。学校正前方效果图如图7所示。

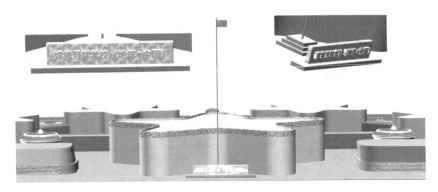

图7 "嫦娥"月球学校正前方效果图

　　嫦娥月球学校整体模型的建设并非只是简单地做出外观而已，而是对每个模块的设计都要充分考虑其科学性。接下来，将重点摘选几个典型的问题及建筑物模块，从科学的角度展示设计思路和师生共同完成的设计效果图。

1. 建筑级3D打印技术建设月球基地的可行性研究

　　在月球上，到底能不能就地取材，用月壤作为建筑原材料，依靠建筑级3D打印机去实现呢？为了说明这个问题，教师有必要通过查阅文献，在充分研究其可行性后，从科学角度给学生进行讲解。这里有几篇值得借鉴的文献，需要教师深入研读。在《基于月壤成分和月球环境的3D打印混凝土结构可行性分析》一文中，探讨了真空和低温失重环境下月球3D打印混凝土结构的技术可行性和未来发展趋势。在《3D打印月球基地可行性研究》一文中，通过实验手段，验证了在月球恶劣的环境下，利用3D打印技术和月球土壤建设月球基地的可能性。在《月球表面3D打印技术畅想》一文中，总结了月球土壤的基本性能和利用地球资源研制的几种模拟月壤，并就零重力环境下的3D打印实验方案和月球基地进行了梳理和设计，对3D打印的前景进行了展望。

2. 主教学楼的设计

　　主教学楼就是设计方案图中最大的那个"海星"状建筑。保护外墙的建设是一项大工程，可以依靠建筑级3D打印技术用月壤作为建筑材料完成建设。外墙建设完成后，由于整个建筑是露天的，那么接下来该如何去实现人可以居住的基地呢？有学生提出了可行方案，那就要依靠从地球带来的特制材料来完成了。棚顶较大，需要很大的支撑架才可以，所以依靠3D打印不太现实，需要依靠从地球带来的专用材料靠人工来完成。由于月球近乎真空的极端环境，所以主教学楼内部的设计要特别注重密封性，可以采用安装智能安全气囊的方法去实现。

　　主教学楼到底如何去设计？教师要不断去引导学生提出相关的科学问题，以下是学生提出较多的几个问题：

　　主教学楼的外墙如何就地取材用3D打印机来建造？

　　主教学楼内部如何安装特制的生存气囊来保障密封性？

　　主教学楼内部如何设计应急逃生通道和设施？

　　以下是部分问题的解决思路图示。

（1）安装内部专用智能充气气囊，连通水、电、氧气等系统。上方铺设一定厚度和强度的防辐射材料，实现封顶。在棚顶安装各类安全检测仪器\传感器等。图8展示了在软件中从正五边形到海星状外墙设计的建模过程。图9展示了主教学楼棚顶和其内部密封性的设计思路。

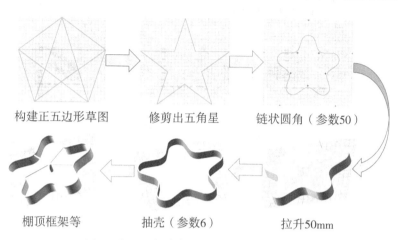

构建正五边形草图　　修剪出五角星　　链状圆角（参数50）

棚顶框架等　　抽壳（参数6）　　拉升50mm

图8　从正五边形到海星状的三维设计过程

安装内部生活气囊　　专业防辐射材料完成封顶

图9　主教学楼棚顶和其内部密封性的设计

（2）人工在主教学楼中心点挖出逃生通道，连通地下防空洞和逃逸飞船入口。这一项的设计思路是基于一个学生的思考，他认为，如果月球学校基地大概率遭遇一颗陨石的撞击，师生无法尽快逃离的时候，可以建立地下逃生管道和防空洞来实现急救。图10展示了应急逃生系统的构想模型。

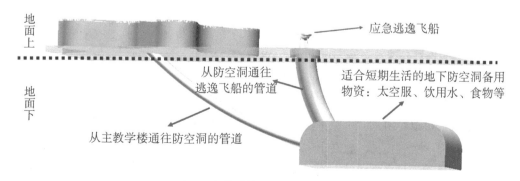

图10　主教学楼内部应急逃生系统

（3）主教学楼内部规划力求简洁，减少不必要的装饰，突出实用，功能划分要明确。这个方案是综合了多名学生的思考，主教学楼内部的空间比较大，所以要集成一间开放教室、一间VR教室、一间物理实验室、一间化学实验室，还要有一个图书预览休闲区、卫生间等。图11展示了主教学楼内部的规划效果图。

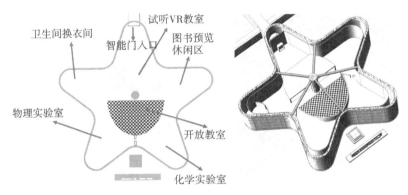

图11　主教学楼内部规划效果图

3. 封闭十字过道走廊的设计

在效果规划图中可以看到，大的海星状主建筑和其他四个小的海星状建筑，都要通过完全封闭设计的走廊连通，师生可以任意穿梭在各建筑物之间。这个整体呈现"中"字的设计，既具有设计创意，更体现了设计的科学性。如图12所示。

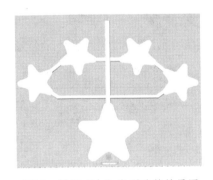

图12　封闭"中"字形建筑效果图

在本模块的设计中，教师引导学生提出以下几个科学问题：

为什么要充分保障各建筑物和过道的连通性、密封性和安全性？

如何充分保障生活气囊内部空气的动态平衡？

师生走出建筑物的门该如何科学设计？

从图11我们可以看出，"中"字走廊有两个"十字"的过道，这是过道走廊模块需要特别去设计的。有学生就提出，就在十字过道走廊的两边来设计出入的门是比较合理的，因为无论从哪个建筑物走过来都比较方便。综合多位学生的想法，就十字过道走廊的设计形成了比较成熟的方案，如图13所示。

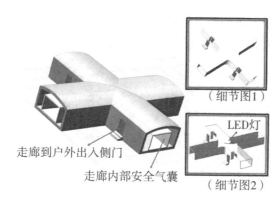

（细节图1）

LED灯

（细节图2）

图13 封闭十字走廊内部及门的三维设计

设计理念： 整个过道走廊是全封闭的，由外墙和内气囊组成，是连接各个楼体的唯一通道，也是师生走出户外的通道，所以在设计上务必考虑连通性和安全性。走廊到户外出入侧门是由两道门组成，当人要走出户外的时候，先打开气囊门，然后关闭，再打开墙壁门，走出户外后再关闭。十字走廊内部设计的互通性至关重要，可以连接各个楼体，是重要的交通枢纽。十字走廊内部的顶部安装较大的LED灯，用以内部照明。整个走廊内部装有多个传感器和检测器，时刻检测内部气体交换系统是否运行正常。

4. 月球蔬菜基地建设

月球上到底能不能通过改良月壤来种植蔬菜呢？要回答这个问题，必须要从学术研究的角度去积极探索。教师可通过查阅相关文献，从科学的视角给学生讲清楚现有的一些研究成果，然后引导学生进行畅想。《月球生物圈概念设计与实施构想》一文，利用现有的研究资料对月球表面环境因素和其他因素进行了分析，选择了月球上适宜构建月球生物圈的位置，并设计了月球生物圈的建筑概念模型。《月壤种出植物，月球种菜指日可待？》一文中提到，拟南芥种子在月壤的培育下，首次成功发芽、生长，从本质上说明了月壤与地球土壤的构成成分相似，这也坚定了"月壤育种"的无限可能。

学生一致认为，如果能在月球学校经常参与蔬菜种植的劳动课，吃到自己种植的新鲜蔬菜，这会让他们激动不已的。有学生就提出，种植蔬菜的土壤是对月壤进行了特殊处理的营养土，师生的粪便可以经过处理作为肥料，人体尿液经过加工可以直接用来灌溉。图14是学生提出的蔬菜基地的建设构想，基地底座和围栏由建筑3D打印机完成，保护棚由地球带来的特殊材料搭建，既保温又可以隔绝太空辐射，阳光可根据需求进行智能控制，按需照明。人体呼出的CO_2可以通过特殊装置输送到大棚里实现气体交换。

月球蔬菜长势良好

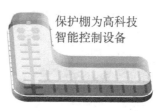
保护棚为高科技智能控制设备

图14 蔬菜基地建设构想的三维模型

本模块的设计，教师引导学生提出若干科学问题并讨论对策。

蔬菜基地的外保护棚如何实现对太阳光的智能调节？

蔬菜基地最适宜种植哪些植物？

能否将蔬菜基地植物产生的氧气和教学楼内人产生的二氧化碳实现智能交换？

5. 其他模块的综合设计

除了以上介绍的一些主体建筑设计，还有更多其他模块的设计，教师根据学生掌握的情况，按照小组分配任务，最后实现各个模块的整合。下面列出两个跨学科主题学习的任务。

（1）五星红旗的标准几何制作（思政与数学的融合）。如图15所示。

图15　五星红旗的标准几何绘制

（2）户外拓展基地的标准化建设（体育与数学的融合）。如图16所示。

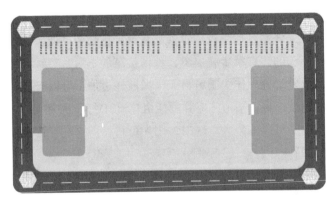

图16　户外拓展基地的设计

七、3D打印沙盘类课程

在完成了前四个阶段的系统学习后，学生也完成了各自的三维设计作品。有些作品可能和教师的创意一致，有些学生可能还有自己更独特的创意。教师在本阶段就要做好每个学生作品的综合评价，无论学生的方案做得如何，都要细心点评和鼓励，因为STEAM课程最为关注的是学生的参与体验过程。如图17所示。

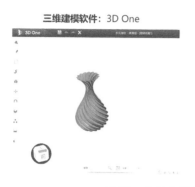
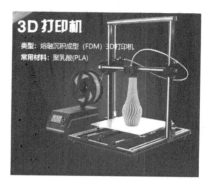

图17　教学专用的3D建模软件和打印机

本模块为课程的第五阶段，教师组织学生开展3D打印，真正实现将创意变为实体模型的过程，这对学生来说，是很有成就感的。目前，我们采用的教学专用建模软件为3D One，打印机为熔融沉积成型（FDM）3D打印机，打印材料为环保的聚乳酸（PLA）。

学生在这个阶段，要学会在特定软件中对模型的切片操作，学会从电脑加载打印文件到3D打印机中，同时还要学会打印机进料、退料等操作。由于目前3D打印机存在技术瓶颈，教学用的打印机只能打印较小的作品，所以要引导学生在模型建构时，要灵活对大模型实体分割为小模型，强化传统榫卯结构的应用，将各个小模型打印完成后，再用榫卯组合在一起。教师在评价学生作品的时候，要坚持三点原则：技术的熟练程度、创意的科学性、模型的美观度。打印模型的材料颜色要根据实际情况选择，如果没有完全符合的颜色，也可选用相近颜色的材料。

图18展示了学生的部分打印作品，包括主教学楼的模型、校牌台面、旗台、飞碟模型等。图19展示了实物组合后的月球学校基地效果。

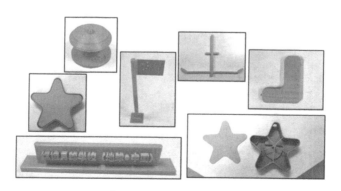

图18　学生设计并打印的部分模块作品

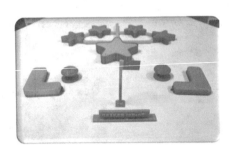

图19　部分3D打印实物组合效果图

　　这里对学生艺术素养的培养做整体说明。在模型的设计过程中，教师要引导学生就模型的艺术性做特别的思考，在构建模型时，要有意识地使用"黄金分割"去创造出模型和谐的美感，灵活地体现"黄金分割"在模型设计中的美学价值。在后期的沙盘搭建中，要充分考虑月球环境下的光影，善用绘画做出星空和地球作为背景，善用灯光营造月球表面特有的视觉效果，让沙盘模型呈现浓郁的科幻氛围。图20为部分小组的学生设计的月球学校沙盘实景效果图，如果财力允许，可以考虑工业级的打印，构建更大的基地实物模型，然后搭建出逼真的且有艺术特色的沙盘模型。

图20　月球学校沙盘实景效果图

　　教学用的3D打印机有其局限性，很多时候打印出的作品看着比较粗糙，这和3D打印机的质量有直接的关系。教师要不断给学生强调建模过程的重要性，模型的设计过程才是STEAM课程的核心，而最终打印出的成品效果要视机器的质量而定。

八、课程实施情况及反思

　　本课程方案在经过了半年多的课程架构设计、课程讲义设计等工作后，课程体系已经建立，校本课程也在积极研发中。3D打印课程一直以来都是学生社团的热门课程，而基于3D打印的STEAM课程对学生更具吸引力。笔者有幸要带他们体系化地去完成课程的学习，助推他们核心素养的全面提升。

　　课程在实施过程中，要格外重视与其他学科教师的跨学科合作，有些内容可以邀请相关学科的教师共同参与。

　　学生对三维建模技术的学习尤为关键，教师要用宽裕的课时强化训练，充分保证学生有熟练的技术来完成STEAM课程中的模型构建。

课程在实施过程中也引发了笔者多方面的思考。STEAM课程的初衷是可以面向全体学生开设，提升学生的综合素养。然而，由于各方面条件的限制，作为一门校本化的课程，目前还只能针对社团去开展。若条件充足，学校可以考虑在课后延时的时间段，由多学科教师一起实现跨学科教学，面向全体学生去开设。

课程在后续还要做更加完备的内容拓展，其思路为：

拓展一：将3D打印技术和机器人搭建有机结合，用3D打印实现机器人零部件的设计与制作，编程实现能自主完成任务的"月球车"。

拓展二：将3D打印技术、激光切割技术和航模制作有机结合，探索在月球真空环境下飞行器的设计与制作。

本课程的开设条件不同于其他传统课程，建议符合条件的学校可以积极尝试。在实践过程中笔者也收获了很多经验，特提出以下诸多建议。

（一）学校支持层面的建议

建议一：学校领导对STEAM教育的重视程度要高，统筹规划做好顶层设计，将课程纳入常规课表计划，安排在社团课或者课后延时服务时段开设。

建议二：鼓励有计算机专业背景或教育技术专业背景的教师去积极探索STEAM教育课程的研发，并从学校层面规划组建课程开发与实施团队。

建议三：学校配备有专门的3D打印教室，装配一定数量的电脑和教学专用3D打印机，安装正版的三维建模软件。

建议四：学校投入一定的扶持资金，可以报销课程实施过程中花销的相关费用。

（二）课堂教学层面的建议

当课程开设后，教师要坚定信心，精心准备，有序组织教学，建立起师生良好的课堂氛围，充分吸引学生的注意力，引导学生主动地、开心地参与学习。

建议一：对学生按照人数多少，以一定的男女生比例分组，开展男女生思维互补的讨论。

建议二：在基础课程的讲解中，教师要精选网络视频资源，组织学生观看并引导其展开更深入的思考。

建议三：三维软件技术的学习建议采取线上和线下相结合的方式进行，通过线上教学弥补线下学习时间不足的问题。

建议四：在月球学校方案的制订中，教师既要有科学性的引导，也要有参考方案的借鉴，更要鼓励学生多角度开展发散思维，始终坚持"以学生为本"的原则。

（三）课程评价方式的建议

建议一：每一阶段的课程结束后，教师根据讲解内容，自出若干道新情景的测试题，突出学科融合思想，对学习效果进行综合检测评价。

建议二：学生最终完成的三维作品按照教师给定的评价标准进行点评。评价的方式可以采用自评和互评相结合的方式，教师尤其要在科学性方面予以评价和指导。

表4给出了作品的参照评分表，可以根据学生的情况进行调整。

表4 学生作品参照评价表

评分方向	评分内容	评分标准	总配分	细化得分	实际得分
知识性	课堂学习	能很好融入课堂所学知识	10	5	
	网络学习	能通过持续的网络资源检索和学习来拓宽知识面		5	
思想性 科学性 规范性	主题明确	主题思想健康向上	15	5	
	科学严谨	数字三维模型设计严谨，无常识性错误		5	
	规范作品	按照课堂任务书要求设计完成作品		5	
技术性	结构设计	数字三维模型装配结构设计合理	30	10	
	逻辑关系	各零件逻辑关系正确		10	
	工艺要求	模型及零件尺寸设计符合工艺要求		10	
创新性	作品表达	选题明确且有新意，结合太空科技有所思考	30	10	
	作品原创性	数字三维模型原创度高		10	
	作品构思	数字三维模型构思巧妙且创意独特，具有个性表现力		10	
艺术性	外观设计	数字三维模型整体比例合理	15	5	
	细节设计	数字三维模型局部精细、美观		5	
	展示功能	数字三维模型功能的演示熟练到位		5	
多元性 （加分项）	多个工具应用	可以用到其他软件做辅助设计、效果渲染等	5	5	

（四）课程资源开发的建议

由于本课程定位是校本课程，所以课程资源全部需要整理、加工、创造。教师要根据课程情况，组建课程研发团队，打造详尽而优质的教学资源。

（1）开发全套课程讲义。

（2）开发每节课的导学案。

（3）开发每个阶段的评测跨学科题库。

（4）开发软件技术学习的微课程。

（5）开发完整的校本课程。

九、结语

作为从事一线信息技术教育多年的教师，笔者一直热衷于中小学科创教育的研究和实践。笔者坚信，基于3D打印的STEAM课程顺应了新一轮课程改革的大趋势，是切实能够提升学生核心素养的有效途径。笔者要由衷感谢校领导给予的支持和鼓励；由衷感谢兰州白云金城名师工作室的领衔名师白云老师，在课程的开发和实践过程中，给予了无微不至的关心和专业指导！笔者也由衷期待，同仁可以提出若干修改意见，让课程体系更加完善。

参考文献

[1] 孙晓燕，叶柏兴，王海龙，等.基于月壤成分和月球环境的3D打印混凝土结构可行性分析［J］.混凝土，2021（3）：23-26.

[2] 宋靖华，鲍明.3D打印月球基地可行性研究［J］.建筑与文化，2015（5）：145-146.

[3] 魏帅帅，宋波，陈华雄，张磊，史玉升.月球表面3D打印技术畅想［J］.精密成形工程，2019，11（3）：76-87.

[4] 李乐园，胡恩柱，胡云平，荣龙，刘红.月球生物圈概念设计与实施构想［C］//2011年空间生命与生命起源暨航天医学工程学术研讨会论文集.2011：44.

[5] 陈之涵.月壤种出植物 月球种菜指日可待？［J］.科学大观园，2022（11）：4.

说明：本课程案例荣获第二届"中望杯"全国教师创新课程案例赛第二名

（本课程开发作者：赵金禄；课程指导专家：白云）

课程开发作者介绍：赵金禄，计算机工程硕士、北京八中兰州分校信息技术教师、兰州市信息技术白云名师工作室核心成员、兰州市教学新秀、兰州市教科所特聘教研员、兰州市教育信息化专家库成员、全国青少年三维创意社区优秀创客导师。在全国、省、市各类信息技术与学科融合比赛中，多次获得一等奖。获得的主要奖项有：荣获第二十届全国教育信息化交流展示活动基础教育组一等奖；荣获"2020年甘肃省中小学教师信息技术应用能力竞赛活动"信息技术创新教学案例竞赛省级特等奖；荣获"兰州市第一届中学优质课堂教学大赛暨观摩研讨"微课比赛一等奖；荣获"兰州市第四届中小学、幼儿园教师教学技能大赛"一等奖；荣获"兰州市第十五届信息技术与学科融合课例比赛中学组优秀课例"一等奖。多年来，一直专注于教师信息素养的提升培训课程研究和STEAM教育研究。

案例2 月球温室三维模型的设计

——基于3D打印的STEAM课程案例

一、案例指导思想

STEAM教育作为一种跨学科融合的新型教育形式日益受到人们的关注。在这种大背景下，2016年，国务院办公厅印发了《全民科学素质行动计划纲要实施方案》，方案中明确提出：完善基础教育阶段的科技教育，增强中小学生的创新意识、学习能力和实践能力，增强各学科的深度融合教学。

如何基于STEAM理念开展课堂教学实践，既是一个理论问题，又是一个实践问题。在中小学开展基于STEAM理念的教育教学研究有着重要的实践意义。可以概括为以下三点：

第一，有助于深化多学科融合教学教育研究。尊重学生的创造性特点，满足个性化需求，对于学生的核心素养培育十分重要。

第二，有助于加大教师专业发展研究的力度。基于STEAM理念系列课堂教学实践使学生成为学习的主体，赋予学生课堂学习的动力，为教师的STEAM教育理念、课程意识和专业素养提高搭建了新型的平台。

第三，有助于强化学校办学特色。STEAM理念系列课堂教学以学校教育为指导，可以有力地促进学校STEAM教育的理性发展和办学特色的形成。

本案例《月球温室三维模型的设计》，内容紧紧围绕学生核心素养发展目标，深度融入STEAM教育理念，通过以项目式学习的方式展开教学活动，意在提升学生核心素养方面做出积极尝试。

二、案例开发背景

近年来，随着人类社会的不断发展和人类文明的不断推进，地球生态环境也在不断恶化。科学研究发现，地球环境正在遭受着越来越严重的破坏。地球是迄今人类赖以生存的唯一家园，保护地球，保护环境，就是保护我们自己的生命安全。所以，全球各个国家都有责任呵护我们地球家园的健康平安。在人类共同保护地球家园的同时，人类还要积极探索外太空来寻求第二家园，月球作为离地球最近的一颗天体，自然成为未来开拓深空探索的基础和关键，所以许多国家都在竞相开展月球探索活动。

当今世界正面临着百年未有之大变局，机遇与挑战并存，信息科技日新月异。经过多年的艰苦奋斗，我国各项事业都取得了举世瞩目的成就，尤其是在太空探索领域的成就有目共睹。"嫦娥四号"成功登陆月球背面，成为人类首个软着陆于月球背面的探测器；"嫦娥五号"探测器将采集的月球样品带回地球，首次实现了我国地外天体采样返回，也是人类时隔44年再次将月球样品带回地球；中国空间站建造任务即将完成……相信在不久的将来，我国必将成功在月球上建设适宜生存的基地。那么，在未来的月球上，我们应该建造什么样的基地呢？本案例从科幻的视角，集中设想了未来月球温室基地的建设，激发学生无穷的想象力。

三、案例目标

基于STEAM教育理念的课程目标一般分为四个方面，它们分别是：培养学生的科学探究能力；增强学科融合实践的能力；促进学生形成正确的科学态度、情感与价值观；实现科学、技术、工程、艺术、数学等多学科的跨学科学习能力。

本课程案例融合STEAM的理念和思想，以学生核心素养的培养为根本出发点，概括起来，特提炼出以下教学目标：

（1）通过项目式学习，积极实现STEAM课程中多学科的融合，培养学生的空间思维能力和综合解决问题的能力。

（2）了解尽可能多的外太空知识，了解地球的环境和月球的环境之间的差异性，在月球温室建设的思路形成中，可以全面用科学的思想作为指导，提出若干科学问题。

（3）全面学习3D打印技术，通过三维建模，让学生熟练掌握三维软件的建模技术，针对月球温室可以提出一些可行性方案，并应用建模技术实现模型的构建。

四、实施过程

本课程案例是在学生掌握了一定的三维软件技术后开展的，三维建模软件选用的是"中望"3D One教育版，学生运用该软件学习基础建模技术的效果较好。本课程案例安排了10个课时，在具体实施过程中，根据学生的学习情况可以适当调整。具体安排如下：

（1）基础类课程，计划3课时；

（2）月球温室建模课程，计划不少于4课时；

（3）作品评价与打印课程，计划3课时。

下面就每个阶段的课程设计内容和实施过程展开介绍。

（一）基础类课程内容

基础类课程的课题为：月球温室搭建的可行性探索。

本阶段课程的第一课时为"保护地球家园"，教师以一则"地球变迁之谜"的短视频作为导入，给学生展示了地球自诞生至今的变化过程。

随着人类第二次工业革命、第三次工业革命的大发展，地球生态环境正在遭受着越来越严重的破坏，人类迫切需要对地球的环境变化引发深刻的反思。我们这颗孕育了万千生命的蓝色星球，未来的变化趋势应该引发人类的高度关注。和月球的死寂与毫无生机相比，地球是多么的美丽。所以，我们人类在未来要开发月球基地，就是要让更多的人去体验月球环境的恶劣，更加坚定地认识到地球才是我们人类的第一家园，也是永远不可替代的家园，人类更应该保护好它！

通过本节课的学习，教师引导学生认识保护地球的重要意义。如果有一天，地球的环境变得越来越像月球环境一样，那将是人类的灾难。所以，我们探索月球的基础就是要全力保护好地球，坚决抵制有害气体排放，坚决抵制资源滥用，坚决保护好大自然生态平衡。

本阶段的第二课时和第三课时为"月球温室宜居环境的探索"，本节课通过研究性学习的方式组织学生开展深入讨论和探究。

教师先从地球温室的构造和功能方面给学生做展示，并引发思考：地球温室有什么样的构造？它有什么特点？如何能保证地球温室的温度适宜植物生长？

展示一：新区花卉交易基地，该中心的建筑构造是一个非常大的温室。花卉基地这种温室构造，属于运用现代化设计手段，利用新型钢架和有机玻璃材料建造的功能相对齐全的现代化温室。如图1所示。

图1　现代化温室

展示二：某农村蔬菜大棚温室模型图，每逢冬季，餐桌上的绝大多数绿色蔬菜，都是由农民伯伯的温室大棚种植供给的。这种温室构造属于大众化低成本的普通温室模型。如图2所示。

图2　农村温室大棚

展示三：某私家住宅阳台的小温室，也可以叫作阳光房，这种温室构造属于可携带便捷式小型温室。如图3所示。

图3　私人小温室

从对地球温室的了解，我们概括出其典型特点为：温室里面的温度较室外高；散热功能很弱。生活中我们可以见到的玻璃育花房和蔬菜大棚就是典型的温室。使用玻璃或透明塑料薄膜来做温室，是为了让太阳光能够直接照射进温室，加热室内空气，而玻璃或透明塑料薄膜又可以不让室内的热空气向外散发，使室内的温度保持高于外界的状态，以提供有利于植物快速生长的条件。在我国北方，有一种很特别的温室，叫作日光温室，简称暖棚，非常值得研究。日光温室热量主要来源于太阳辐射，昼夜温度变化非常大，而且日光温室的温度随外界气温的季节性变化而呈明显的变化。

月球的环境完全不同于地球，其一，没有大气，近乎真空环境；其二，昼夜温差极大，太阳热量很难保存。如果要在月球建设一个温室，其技术难度非常大，所以一定要依靠科技去解决这些难题。教师要引导学生就月球特殊的环境展开讨论：月球要建一个温度相对恒定的温室，必须要解决哪些科学难题？教师引导学生就以下问题展开学习和讨论。

（1）月球表面环境到底有多严酷？教师采用混合式环境下的学习方式，组织学生通过网络学习掌握月球表面环境的若干环境因素。通过导学案，完成"月球表面极端环境资料汇总"。课堂学习时，安排各小组分享学习成果，教师总结完善。

（2）月球温室气密性如何保障？月球表面近乎真空环境，要想生命能在温室生存，一定要用特殊技术保障气体不能外泄，充分考虑材料搭建过程中的气压破坏、热胀冷缩等因素，开展探究活动，运用多学科知识去设置温室结构，提出材料设想，确保月球温室能够有良好的气密性。

（3）太阳热量如何最大限度保留？当太阳光照射时，温室就应该充分吸收太阳光，但一定要智能化地对热量进行分配，让一部分热量保障温室的温度平衡，让一部分热量保存下来，在没有太阳光照时可以维持热量平衡。

（4）适宜人类居住的月球温室空气循环系统如何搭建？继续开展跨学科探究，利用生物学循环系统理论，参考我国空间站建设技术路线，探索构建适宜人类和绿植共同居住的月球温室环境。

当然，在具体的讨论中，学生还会有更多的问题，教师及时进行汇总。通过讨论，学生更加清晰地认识到月球温室的建设难度之大，从而鼓励学生一定要学会从科学角度提出问题，然后探索解决对策。

（二）实操建模类课程

实操建模课程分两个阶段完成：第一阶段课题为月球温室草图绘制；第二阶段课题为月球温室三维模型构建。

在基础课程中，学生既了解了地球温室的特点，又了解了月球极端的环境因素，提出了若干待解决的科学难题。在有了一定的知识储备后，教师组织学生以小组为单位开展"我心目中的月球温室"草图绘制活动。学生以小组为单位，分别在图纸上画出各自心目中的温室模型。

通过各小组之间的交流讨论，每位同学都能够绘制出与众不同的温室模型。通过这种发散思维的方式，让每位学生都能够积极地参与到探究学习活动中去，学习技能的同时感受团队协作的强大力量。

在学生有了各自小组绘制的草图后，教师组织学生开展第二阶段课程的学习，本阶段课程课时较多，主要为技术和工程目标的达成。

下面是学生设计的一些典型的月球温室模型，教师不断地就模型设计理念、科学性等方面对学生进行指导。无论学生设计方案的质量是优还是劣，教师都要积极给予指导和鼓励。STEAM课程最需要关注的是学生参与的过程，而非最后方案的优劣，这一点非常关键。

（三）作品评价与打印类课程

在完成了前阶段的系统学习后，学生已经设计出了各自的三维温室模型，有些模型可能和教师的设计思路一致，有些学生的设计作品可能还有自己更独特的地方。在本阶段要通过"三评"的方式对各学习小组的作品进行评价。首先选取每小组的推荐作品由学生本人开展自评，详细阐述自己作品的设计思路与创新之处以及还需进一步改进的地方；然后请本组小组长对作品再次评价，剖析作品的发光点，提出不足之处的改进意见；最后由教师进行总结评价，并筛选出优秀作品进行3D打印。

以下为学生设计的三种类型的温室模型三维效果图。

图4为Ⅰ类月球温室模型。

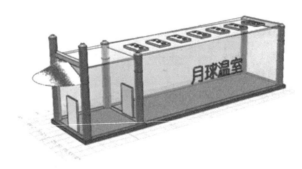

图4　Ⅰ类月球温室模型

作品创意：本作品结构设计合理，通过顶部安装的太阳能电池，较好地解决了夜间温室热量供给的问题，采用双重防护装置有效地保护了温室的气密性安全。

改进意见：月球表面环境恶劣，温室所选用搭建材料能否满足环境要求，月球温室建成后，室内外必然存在压力差，这种开门设置存在安全隐患，建议温室的开门参考航天器设计。

图5为Ⅱ类月球温室模型。

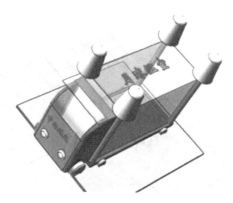

图5　Ⅱ类月球温室模型

作品创意：本作品采用可移动装置，便于其在月球表面移动。顶部添加了智能储水装置，通过人工智能自动识别植物水分情况，并及时浇水。

改进意见：为了有效收集太阳光，可以考虑在温室外围安装传感器，随时感知太阳方向，通过启动车轮动力装置，调整温室的最佳位置，收集更充足的太阳光。

图6为Ⅲ类月球温室模型。

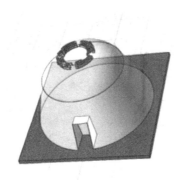

图6　Ⅲ类月球温室模型

作品创意：本作品参考"神舟"飞船造型搭建，流线型设计使其具有较好的气密性，无遮光设置使阳光最大限度照射进温室内部。

改进意见：设计过于简单，在部分模块的设计上缺乏功能装置，建议添加部分智能化装置，从而提高温室利用价值。

五、反思及改进建议

本课程案例自2021年9月开发到2022年3月，完成了课程的整体架构及核心讲义设计，校本课程也积极推进开发，并于2022年5月面向八年级的3D打印社团开设该课程，取得了较好的效果。

在实施过程中，笔者也对STEAM教育倡导的项目式学习进行了积极思考，从学生的参与热情，让我们更加坚定了STEAM课程育人的价值。在具体课堂教学开展过程中有以下几点建议：

（1）合理布局教室座位，为小组合作式学习提供空间便利。

（2）在教学过程中强调项目式学习，以学生实践解决问题为主，以教师讲解为辅。

（3）尝试开展线上与线下混合式的教学。

（4）积极开展发散思维探究，培养想象力。

（5）结合任务探究的特点，不失时机地突出学科融合思想，对学习效果进行多方面的检测评价。

说明：本课程案例荣获第二届"中望杯"全国青少年科创教育成果展示大赛教师创新教学设计赛一等奖。

（本课程设计作者：刘小锋；课程指导专家：白云）

课程作者介绍：刘小锋，兰州市第五十六中学信息科技教师、兰州市信息技术白云名师工作室核心成员、兰州市县区级骨干教师、兰州市教学新秀、兰州市教科所特聘兼职教研员、兰州市教育信息化专家库成员、全国青少年三维创意社区优秀创客导师。主持完成省级规划课题1项，参与完成国家级课题1项、省级课题5项，完成市级规划及个人课题10余项。在教学中积极探索基于STEAM教育理念的学科融合教学、创客教育与信息技术融合教学策略，基于智慧课堂模式的线上线下混合式教学等，创客教育教学设计案例多次在甘肃省教学设计、案例评选中获一等奖；在省、市级刊物发表论文多篇。

📺 课程设计案例

案例3 基于Arduino开源硬件的厨房安全系统设计与实现

一、项目背景

《基于Arduino开源硬件的厨房安全系统设计与实现》项目设计灵感来源于实际生活中存在的安全隐患所引发的消防安全问题。学校邻近消防队，师生经常遇到消防员执行出警任务，部分师生所在小区高层楼房也曾发生过火灾，场面触目惊心。据统计，家庭厨房火灾约占全国每年发生火灾总数的1/5，厨房已成为家庭存在安全隐患最集中的区域。因此，预防火灾，避免一氧化碳中毒，建立厨房安全监测预警系统就具有很强的现实意义。

二、学情分析

本项目实施对象可为七、八年级学生。该年龄段学生好奇心强，对消防减灾等相关常识已有基本的了解，但对消防安全系统及工作原理缺乏较为深入的学习。通过前期项目学习，学生已经初步掌握Arduino开源硬件编程方法，学会了顺序结构和选择结构的程序设计，学习了LED灯、蜂鸣器、1602液晶显示器等的使用方法，具有了一定的项目基础。针对基础较弱的学生，本项目通过小组合作的形式开展协作探究，鼓励所有学生积极参与项目活动。

项目中涉及的化学、生物、数学、物理等多学科知识，对七年级学生来说较为陌生，但通过搜集资料、合作学习和教师讲解，可以支撑本项目的顺利开展。小学科学课中学生已经了解了电路相关知识，知道了氧气在生命活动中的重要性。安全消防知识在各种形式的宣传、讲座中也有涉及。对于超出学生当前学习范围的内容，在项目学习过程中，教师根据实际需要恰当介入指导，以通俗易懂的方式帮助学生展开学习。项目整体通过需求分析、知识学习、梳理核心功能、提出方案、编程实现等过程，帮助学生着眼身边，发现问题、分析问题、解决问题，倡导学生积极、平等开展团队合作和交流。

三、指导思想

学生在学习化学、生物、数学、物理等相关知识的基础上，使用米思齐（Mixly）积木式编程软件对开源硬件Arduino主控板进行编程，从而有效地实现厨房安全系统的监测与报警功能。整个课程贯穿了STEAM教育的思想，在教学内容的安排上，努力做到多学科的融合，既有科学知识和数学知识的应用，也有编程技术的学习，所有的内容都会通过"厨房安全系统的设计"这个任务有机统整，从而落实STEAM课程全面育人的根本目标。

本项目计划课时为6课时，每课时40分钟。可根据项目推进情况动态调整。具体内容见表1。

表1 课时与内容分配

课时	内容
课时一	项目引入、确定方案
课时二	知识学习、功能设计
课时三	硬件编程、功能实现
课时四	
课时五	改进完善、二次迭代
课时六	公开成果、拓展评价

四、总体目标

根据项目设计，总体目标分为知识目标、能力目标和素养目标三部分，见表2。

表2 总体目标

层次	目标描述
知识目标	1.了解天然气的组成及甲烷的性质。
	2.了解一氧化碳的性质。
	3.了解一氧化碳中毒原理及预防措施。
	4.理解LM35温度传感器和MQ2气体传感器的工作原理，掌握其使用方法。
能力目标	1.运用串口打印功能获取传感器数值，并能调试程序中的临界值以便于参数控制。
	2.运用1602液晶显示器准确显示监测值。
	3.使用函数优化代码，控制三色LED灯进行不同等级的预警。
	4.通过编程实现温度、气体实时监测并针对不同险情进行预警。
素养目标	1.针对实际生活问题提供解决方案并通过开源硬件积木式编程进行实现。
	2.在项目实施过程中，感悟计算思维在解决实际问题中的重要性。

五、项目重难点

项目重点：

（1）理解LM35温度传感器、MQ2气体传感器、1602液晶显示器和蜂鸣器的工作原理。

（2）通过积木式编程能够实现对温度、气体的实时监测和多级预警。

项目难点：

（1）多级预警功能模块的实现。

（2）不同状态下预警功能的合理响应与硬件控制。

六、实施方法

学生在教师指导下开展项目式学习。学生小组讨论并分析总结出厨房安全系统需具备的基础功能，学习整理相关学科知识与传感器工作原理及其使用方法，使用Mixly编程控制Arduino主板及相关传感器组件，实现温度、气体的实时监测和多级预警。

七、项目准备

教师准备教学课件、项目学习任务单、计算机，学生4人一组。每小组准备开源硬件套件清单见表3。

表3　套件清单

序号	名称	数量	序号	名称	数量
1	ArduinoUNO主控板	1	10	继电器模块	1
2	Openjumper扩展板	1	11	红外传感器	1
3	模拟光线传感器	1	12	红外遥控器(含电池)	1
4	声音传感器	1	13	水泵(含电源)	1
5	MQ2气体传感器	1	14	喷头	1
6	LM35温度传感器	1	15	1602液晶显示器	1
7	蜂鸣器	1	16	连接线	13
8	LED灯	4	17	电源	1
9	风扇模块	1	18	继电器模块	1

八、项目实施过程

项目总体可分为六个环节，每个环节安排相应的课时，逐步推进项目实施。

环节一：背景介绍，项目引入

教师播放本地因家庭安全隐患发生的火灾视频。

学生初步思考后，讨论家庭安全隐患有哪些，造成火灾后的严重后果有哪些，引出本次项目的主题及意义。

设计意图：以部分师生所在小区发生的火灾为项目背景引入，从中提炼出项目的驱动性问题和项目目标，引导学生关注消防安全常识，产生解决身边实际问题的强烈愿望。

环节二：需求分析，确定方案

学生以小组为单位，讨论厨房中的安全隐患类型、可能引发的安全问题以及解决这些问题的方法。小组讨论结束后在全班分享交流。

教师引导学生共同梳理、汇总厨房中的安全隐患及解决方法。例如，厨房中的主要消防安全隐患可能有电路短路、线路老化、厨房电器故障或其他可燃物引发的火灾；可能有天然气泄漏、微波炉使用不当引发的爆炸；也可能有一氧化碳引起的中毒……火灾将引起高温，燃气泄漏将导致厨房异常气体浓度升高。

可通过温度传感器和气体传感器的实时监测数据，判断厨房安全状况，并针对异常情况进行相应预警。如果安全事故已经发生，需要通过不同颜色灯光和蜂鸣器的不同声音对当前危险程度进行预警，指导人员科学合理解决问题，避免出现由于不了解详细情况盲目自救，从而造成更严重的人身安全事故。

设计意图：针对生活中的具体问题充分调动学生的主观能动性，提高学生应对复杂实际问题的处理能力和对核心问题的梳理能力。在进行需求分析的同时，体验如何进行项目设计、方案选择等工程设计的过程。

环节三：知识学习，功能设计

学生小组合作，上网查找相关资料，了解天然气的组成及甲烷的性质；了解一氧化碳的性质，探究一氧化碳中毒的原理及预防措施；复习1602液晶传感器的原理及其使用方法，学习LM35温度传感器和MQ2气体传感器的工作原理并掌握其使用方法。

教师指导学生整理出知识清单，并梳理出与厨房安全联系紧密的核心知识，设计厨房安全系统基础功能。

基础功能：监测+预警；

监测功能：温度实时监测+气体浓度实时监测；

预警功能分为三个等级：正常状态、二级预警、一级预警。

设计意图：学习相关学科知识有助于学生给出合理、科学的解决方案，设计符合实际需求的厨房安全系统，使项目的开展更加贴近实际生活。巩固已学内容，学习传感器的工作原理和使用方法，便于学生掌握开源硬件在项目实践中的合理应用，为后续设计更加精密、完善的系统打好基础。

根据需求分析梳理、简化厨房安全系统的核心功能，有助于对不同功能进行逻辑实现。引导学生由易到难逐步拓展，避免系统功能太过冗余、复杂，导致学生半途而废。

环节四：硬件编程，功能实现

1. 组件选用及硬件连接

学生小组合作，对教师提供的开源硬件套件进行硬件连接和初始化编程，依次实现监测和三级预警功能，并对可能出现的不同状态进行调试。

教师巡视指导并适时介入小组合作，针对共性问题统一指导，个性问题点对点辅导；小组间可针对特定问题展开交流。教师重点指导学生解决如何使用映射或数学方法进行温度数值转换。

结合教学使用的Arduino套件，使用绿色、黄色和红色三种颜色的LED灯作为三级预警指示灯；使用蜂鸣器进行预警声音提示；使用LM35温度传感器获取温度数值；使用MQ2气体传感器获取气体数值，使用1602液晶显示器实时显示监测到的温度和气体数值。

可按照下列方式进行硬件连接：

Arduino主控板上安装扩展板；

使用3P线将蜂鸣器连接在扩展板的D8口上；

使用3P线将绿色LED灯连接在扩展板的D5口上；

使用3P线将黄色LED灯连接在扩展板的D6口上；

使用3P线将红色LED灯连接在扩展板的D7口上；

使用3P线将LM35温度传感器连接在扩展板的A0口上；

使用3P线将MQ2气体传感器连接在扩展板的A1口上。

使用4P线将液晶显示器连接在4P座子（I2C）上。

使用数据线连接计算机和扩展板。具体硬件连接可参考图1。

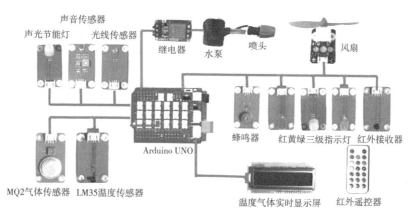

图1　硬件连接参考图示

设计意图：充分考虑教学环境与资源，以现有开源硬件套件为基础进行项目的启动，为后续迭代拓展做好铺垫。

2. 温度、气体数据实时监测功能的实现

（1）程序初始化，实现程序可参考图2。

图2　初始化程序

使用整数变量t和gas分别存放监测到的温度数值和气体数值。为了便于及时直观地看到具体的数值变化，通过串口打印功能显示实时数据，也为后续设定调试临界值提供参考。

（2）温度、气体数据实时显示，实现程序可参考图3。

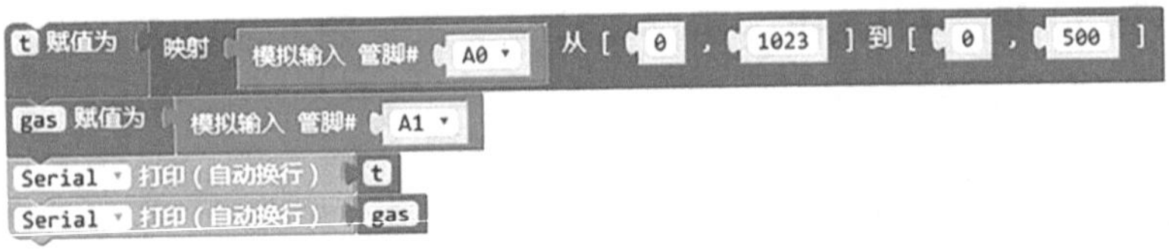

图3 温度与气体数值获取

将LM35温度传感器监测的数据进行映射，转换为摄氏度，也可直接进行数学运算后确定真实的摄氏温度值，实现程序可参考图4。

图4 数学方法计算温度值

通过串口打印功能获取监测数据便于程序调试，而系统功能实现需要通过液晶显示器直观显示准确数值。实现程序可参考图5。

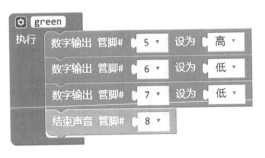

图5 实时显示温度、气体值

设计意图：通过串口打印查看数据，养成良好的程序调试习惯。对于温度传感器温度数值的转换采取不同方法，鼓励学生抓住问题本质，灵活处理问题。

3. 三级预警的实现

教师演示讲解函数的作用及Mixly中函数的使用方法。

学生小组合作，依次用积木块实现正常状态、二级预警和一级预警等不同情况下蜂鸣器与指示灯的状态转换。

正常状态：温度和气体监测值均处于正常范围，绿灯指示，无预警声，实现程序可参考图6。

图6 正常状态提示信息

二级预警：温度或气体监测值至少有一个超出正常范围但低于一级预警范围，黄灯指示，预警声提示，实现程序可参考图7。

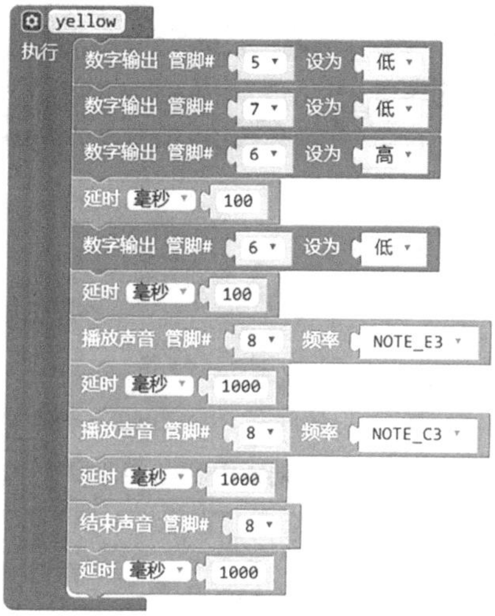

图7 正常状态提示信息

一级预警：温度或气体监测值至少有一个超出二级预警范围，红灯指示，预警声提示，实现程序可参考图8。

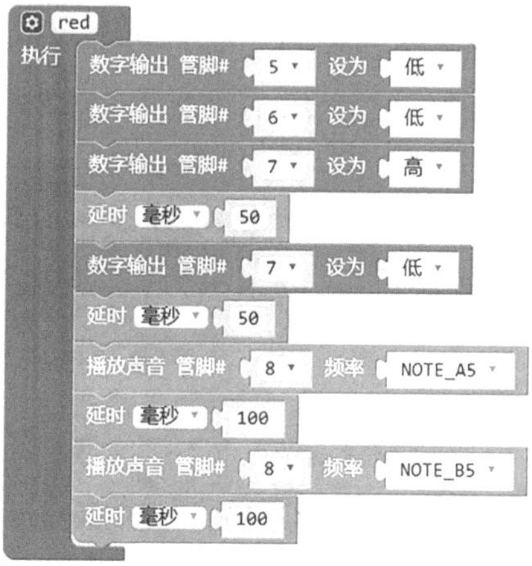

图8 正常状态提示信息

以上三种状态依次转换。随着温度和气体数据的变化，预警状态将进行相应转换，若监测值恢复到正常范围则指示灯和预警声随之恢复至正常状态。

为了提高程序的可读性，优化程序结构，对三种颜色指示灯的状态转换和蜂鸣器的响应进行了功能封装。

设计意图： 在已完成项目的基础上引入函数优化代码，提高可读性和逻辑性，也便于程序的修改完善。三级预警提示机制符合生活实际情况，面向真实情境的问题解决。

4. 三级预警功能的实现

预警逻辑的实现需要用到分支结构，条件应该为温度和气体条件的逻辑组合，实现程序可参考图9。

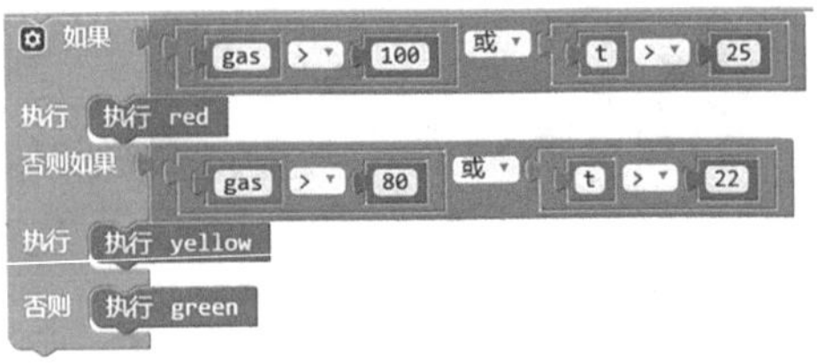

图9 三级预警功能逻辑

为了测试程序功能，应该根据串口打印中的数据将临界条件值设置为可调试的数值。表4中为可参考的各项数值，具体的温度、气体参数可根据实际环境动态调整。

表4　不同级别预警状态参考参数

预警级别	温度数值（t）	气体数值（gas）	指示灯状态	蜂鸣器状态	应急措施	备注
三级预警	t≤27	t≤130	绿灯长亮	无声全音	无措施	1.预警级别逐级升高或降低；2.指示灯、蜂鸣器等应急设备自动启动和关闭
二级预警	27<t≤32	130<t≤160	黄灯闪烁	一般警报声	无措施	
一级预警	t>32	t>160	红灯闪烁	急促警报声	喷水或通风	

需要注意温度和气体数值只要有一个超出范围就要预警，所以必须用逻辑"或"，而不能用逻辑"与"。

设计意图： 嵌套的分支结构实现了三级预警功能，函数的引入使得程序逻辑更加清晰，降低了编程难度。系统功能调试过程中选取恰当的参数也是关键步骤。通过调试可帮助学生更加熟悉，从而进一步优化、完善系统功能。

环节五：改进完善，二次迭代

学生根据调试结果，结合小组间的交流情况和教师的指导意见，不断完善和迭代。

教师依据各小组具体的项目进行针对性指导，鼓励学生进行创新性拓展。

可供参考和拓展的思路如下：

1. 使用1602液晶显示器准确显示监测值

由于在液晶显示器上显示一个多位数时，为了防止出现乱码需要将数据的每一位数通过除法和模运算进行转化，逐位进行单独显示，实现程序可参考图10。不进行转换时，若上次监测的数据为一个三位数，如254，后续如检测到两位数58，则显示时只会从左侧起覆盖，最终结果显示为584，导致显示数据出错。

图10 液晶屏准确显示数值

2. 预警声音

不同状态下预警的提示信息应有所不同，以便人们及时了解危险程度。例如，二级预警的灯光闪烁较快，声音提示较为急促；一级预警灯光应快速闪烁，声音提示应非常急促或者更具辨识度。可通过程序模拟消防车警笛声来作为一级预警声，如图11所示。

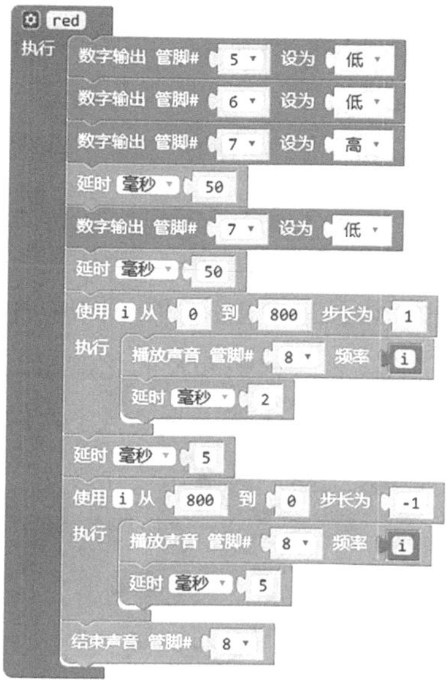

图11　优化一级预警声音

3. 应急处理功能

前面实现的只是监测和预警功能，一个完善的消防安全系统也应该具备应急处理功能。例如，发生火灾或烟雾预警时可自动启动喷水灭火装置展开救援，发生燃气泄漏时应自动开启窗户或换气扇进行通风。

自动喷水灭火功能可使用水泵、继电器、喷头等硬件编程实现；自动开窗或开启换气扇可使用舵机、小风扇模拟实现。

设计意图：根据不同小组具体的项目进展，指导、鼓励学生选取符合当前实际的拓展或迭代内容开展创新，提高项目成果的有效性。通过不同拓展功能的添加，完善系统功能，同时扩大项目实施范围，为后续项目指明方向。

环节六：公开成果，拓展评价

首先，小组内部针对小组合作情况、作品功能完善程度及项目完成进度等情况进行自评；其次，开展项目成果展示交流会，以小组为单位进行成果汇报，分享时应突出本组作品功能的优缺点，阐述改进的方向，并对其他小组和教师的提问进行答辩；最后，组间使用评价量表对各小组项目成果的功能实现、外观设计、创新性、小组协作等几个方面进行评价打分，并选出优秀项目小组进行表彰。

设计意图：项目成果的汇报与交流，有助于学生总结项目成果，培养准确表达项目功能的能力，以引发学生对于项目更深层次的学习和理解。而同伴基于量表分析彼此的行为和成果时，也是非常重要且有意义的内省时机，以促进学生个人和小组的共同进步。

九、项目反思

项目以家庭厨房安全问题为背景进行项目设计，意在引导学生关注和解决生活中的真实问题。利用Arduino开源硬件为控制核心，开展积木式编程，实现厨房安全系统的核心功能。学习内容涉及信息科技、化学、数学、物理等学科知识。在教学过程中，重视思维的培养和知识迁移运用，明确学习目标，提供恰当的学习支架，提升学生的自主学习能力。同时，通过小组合作，强化学生表达、交流和合作能力的培养。关注课堂中问题的生成，及时解决学生遇到的学习困难，评价方式多样，充分发挥学生互评的作用。

由于个别学生曾经有过一氧化碳中毒的经历，对全体学生来说，该项目具有了特殊的意义。学生在参与项目学习的过程中，表现出了较高的积极性和参与度，充分发挥了"做中学"的优势，将问题的解决贯穿始终。课程中涉及的化学知识尽管还未系统学习，但学生能够围绕项目问题主动查阅资料展开讨论，体现了跨学科学习的特点。在三级预警的设计与实现过程中，小组之间能够通力合作，不断调试迭代，在探索中完善，在完善中进步，让整个项目具有了更长的生命周期。

由于硬件设备功能和数量的限制，每个小组只能有一套开源硬件设备，无法最大限度地实现学生"天马行空"的想法，限制了学生的想象力和创造力，尤其是在学生提出的基于物联网的消防安全系统实现方面无法及时创设学习环境。此外，由于课时与条件所限，没有以实物模拟的形式实现整个系统并在全校范围内展示，以便吸纳更多师生的意见和建议、激发更多同学的学习热情。当然，项目实施中所有的得与失都是开展真实学习过程中的完整体现，也是教师在后期优化、迭代课程时的动力和方向。

说明：本案例为甘肃省"十三五"教育科学规划课题《基于项目式学习的初中积木式编程校本课程的开发与实践研究》阶段性成果之一，课题号为GS［2019］GHB0240。获兰州市中小学STEAM教育教学优秀课（案）例评选活动一等奖。

（本课程设计作者：王超；课程指导专家：白云）

课程设计作者简介：王超，教育硕士，兰州市第六十六中学教师、白云金城名师工作室核心学员、县区级骨干教师、兰州市教学新秀、毕业于东北师范大学计算机科学与技术专业。主持、参与省、市级课题多项。曾获兰州市课题研究成果一等奖，创新教学案例多次在省、市大赛中获奖，所指导学生在甘肃省学生信息素养提升活动、创意编程和智能设计比赛中获奖。